PRIX DE TRANSFERT ET STRATÉGIES D'OPTIMISATION FISCALE DE LA FIRME MULTINATIONALE

Collection « L'esprit économique »

fondée par Sophie Boutillier et Dimitri Uzunidis en 1996
dirigée par Sophie Boutillier, Blandine Laperche, Dimitri Uzunidis

Si l'apparence des choses se confondait avec leur réalité, toute réflexion, toute Science, toute recherche serait superflue. La collection « L'esprit économique » soulève le débat, textes et images à l'appui, sur la face cachée économique des faits sociaux : rapports de pouvoir, de production et d'échange, innovations organisationnelles, technologiques et financières, espaces globaux et microéconomiques de valorisation et de profit, pensées critiques et novatrices sur le monde en mouvement...
Ces ouvrages s'adressent aux étudiants, aux enseignants, aux chercheurs en sciences économiques, politiques, sociales, juridiques et de gestion, ainsi qu'aux experts d'entreprise et d'administration des institutions.

La collection est divisée en six séries :

Dans la série *Economie et Innovation* sont publiés des ouvrages d'économie industrielle, financière et du travail et de sociologie économique qui mettent l'accent sur les transformations économiques et sociales suite à l'introduction de nouvelles techniques et méthodes de production. L'innovation se confond avec la nouveauté marchande et touche le cœur même des rapports sociaux et de leurs représentations institutionnelles.

La série *Economie formelle* a pour objectif de promouvoir l'analyse des faits économiques contemporains en s'appuyant sur les approches critiques de l'économie telle qu'elle est enseignée et normalisée mondialement. Elle comprend des livres qui s'interrogent sur les choix des acteurs économiques dans une perspective macroéconomique, historique et prospective.

Dans la série *Le Monde en Questions* sont publiés des ouvrages d'économie politique traitant des problèmes internationaux. Les économies nationales, le développement, les espaces élargis, ainsi que l'étude des ressorts fondamentaux de l'économie mondiale sont les sujets de prédilection dans le choix des publications.

La série *Krisis* a été créée pour faciliter la lecture historique des problèmes économiques et sociaux d'aujourd'hui liés aux métamorphoses de l'organisation industrielle et du travail. Elle comprend la réédition d'ouvrages anciens, de compilations de textes autour des mêmes questions et des ouvrages d'histoire de la pensée et des faits économiques.

La série *Clichés* a été créée pour fixer les impressions du monde économique. Les ouvrages contiennent photos et texte pour faire ressortir les caractéristiques d'une situation donnée. Le premier thème directeur est : mémoire et actualité du travail et de l'industrie ; le second : histoire et impacts économiques et sociaux des innovations.

La série *Cours Principaux* comprend des ouvrages simples, fondamentaux et/ou spécialisés qui s'adressent aux étudiants en licence et en master en économie, sociologie, droit, et gestion. Son principe de base est l'application du vieil adage chinois : « le plus long voyage commence par le premier pas ».

Pierre-Yves Carasco

Prix de transfert et stratégies d'optimisation fiscale de la firme multinationale

© L'Harmattan, 2017
5-7, rue de l'École-Polytechnique, 75005 Paris

http://www.editions-harmattan.fr

ISBN : 978-2-343-11526-9
EAN : 9782343115269

Plan de l'ouvrage

Avant-propos 9
Introduction 11
Chapitre I Stratégie d'évasion 25
Chapitre II Rôle de l'Ocde 37
Chapitre III Principe de pleine concurrence 47
Chapitre IV Analyse des opérations intragroupe 61
Chapitre V L'importance de l'analyse fonctionnelle 71
Chapitre VI Méthodes de prix de transfert 89
Chapitre VII Comparables sur le marché libre 103
Chapitre VIII Les résultats de l'analyse économique ... 111
Conclusions 119

Avant-propos

Cet ouvrage présente de façon synthétique les opérations prix de transfert en les introduisant dans leur environnement économique et juridique.

Notre objectif est d'apporter une vision élargie de cette thématique afin de permettre à chacun d'appréhender les enjeux associés à ces opérations. Le présent ouvrage se limite donc à certains principes généraux de fiscalité et d'économie, nous n'aborderons pas les incidences en matière de T.V.A., douane ou autres.

L'essentiel des travaux d'analyse étant réalisés aux Etats-Unis ou en Grande-Bretagne, les développements que nous conduisons s'inspirent volontairement d'une approche anglo-saxonne faisant appel à de nombreux indicateurs, outils et définitions en anglais.

Introduction

Quarante ans de croissance ininterrompue des flux internationaux ont contribué à une augmentation significative du poids des entreprises multinationales dans l'économie mondiale. Selon un rapport de la Conférence des Nations unies sur le commerce et le développement (« Cnuced », mieux connue par son acronyme anglo-saxon : « *Unctad* ») datant de 2010[1], les chiffres d'affaires cumulés des cinq plus grandes entreprises multinationales représentaient un montant supérieur au PIB cumulé des 110 pays les plus pauvres. Aujourd'hui, il existe dans le monde près de 80 000 multinationales réalisant un chiffre d'affaires mondial cumulé de 25 000 milliards de dollars. En France, en 2001, environ 36 % de l'activité de production industrielle était assurée par des filiales ou des sièges de firmes multinationales.

Le terme « entreprises multinationales » (« MNE » ou « multinationales ») ne désigne pas uniquement les grandes entreprises telles que Total, Danone ou Carrefour, il peut également servir à définir des structures de plus petite taille disposant d'un établissement stable à l'étranger. A défaut d'une définition formelle en droit français, nous nous référerons à la définition proposée par l'Organisation de

---

[1] Unctad, *World Investment Report,* 2010

coopération et de développement économiques pour désigner cette typologie d'entreprises: « les entreprises multinationales comprennent des sociétés et autres entités, à capital privé, public ou mixte, établies dans des pays différents et liées de telle manière qu'une ou plusieurs d'entre elles sont en mesure d'exercer une influence importante sur les activités des autres et, en particulier, de partager connaissances et ressources avec elles. Le degré d'autonomie de chaque entité par rapport aux autres est très variable d'une entreprise multinationale à l'autre, selon la nature des liens qui unissent ces entités et les domaines d'activités[2] ».

La structure des entreprises multinationales a beaucoup évolué depuis un siècle environ et s'est adaptée au besoin d'internationalisation des entreprises. Dans son étude majeure sur les structures décisionnelles dans les multinationales[3], l'historien d'affaires Alfred Chandler met en relief l'émergence d'une structure multiproduits, multinationale et multidivisionnelle décentralisée, dite «*forme en M* », par opposition à la structure fonctionnelle historique centralisée, dite « *forme en U* » dans laquelle la direction générale se trouve en lien direct avec des divisions fonctionnelles – i.e. marketing, finance, etc. - du groupe. Dans la forme traditionnelle en U, les employés évoluent dans leur spécialité sans pouvoir bénéficier de passerelles avec d'autres domaines d'expertise. Cette forme connaît des limites intrinsèques : processus d'innovation difficile,

---

[2] Ocde, *Prix de transfert et entreprises multinationales,* 1979
[3] Chandler (Alfred), *La main visible des managers*, Paris, Economica, 1989.

évaluation de la performance limitée, grande rigidité des processus de production, possible perte de contrôle lorsque les activités sont complexes ou sont réalisées à l'étranger.

La forme en M, quant à elle, désigne la structure dans laquelle la société mère se contente de définir les grandes lignes de la stratégie de long terme du groupe et de contrôle des ressources liées aux activités des filiales[4]. Les directions opérationnelles des filiales spécialisées ou *business unit* appliquent quotidiennement et de façon décentralisée les directives émanant de la direction générale.

Selon l'auteur américain O. Williamson[5], cette lente transformation des structures décisionnelles et hiérarchiques et le passage de la forme en U à une forme en M seraient dus principalement aux avancées rencontrées dans le domaine des communications et des transports au cours de la seconde moitié du XXe siècle.

---

[4] Dans la forme en M, la direction générale coordonne l'ensemble des divisions du groupe et apporte une cohérence aux décisions stratégiques. Le groupe est organisé en *business unit,* chacune de ces unité s'occupe des fonctions essentielles à ses opérations de production – i.e. fonctions commerciales, administratives, de production, suivi des clients, etc. On relève, dans la forme en M, deux niveaux hiérarchiques : le premier, le *niveau groupe*, est occupé par la direction générale et un ou plusieurs comité(s) responsable(s) de la stratégie, de l'investissement et la gestion des ressources. Le second niveau, la *business unit* ou division, assure la gestion quotidienne des activités opérationnelles et reporte à la direction centrale ses performances. L'objectif de cette structure est d'introduire un élément de marché au sein de la MNE ; cela afin d'améliorer la vision de la direction centrale et d'optimiser la gestion des ressources au niveau groupe.

[5] Williamson (Oliver), *Markets and Hierarchies. Analysis and antitrust implications*, Free Press, 1975.

Suivant ces évolutions, la majorité des MNE sont aujourd'hui constituées par une multitude d'entités opérationnelles et non opérationnelles, dont des sub-holdings et des holdings intermédiaires domiciliées dans plusieurs pays différents – certains de ces pays étant considérés comme des paradis fiscaux. Dans un rapport de 2016 sur l'investissement mondial[6], l'*Unctad* analyse la complexification croissante de la structure de ces entreprises et révèle que les 100 premières multinationales ont chacune, en moyenne, 500 filiales domiciliées dans une cinquantaine de pays. Toujours selon ce rapport de l'*Unctad*, les 100 premières entreprises multinationales détiennent chacune environ 70 entités dans des paradis fiscaux ou des pays à fiscalité avantageuse.

Récemment encore, ces entreprises étaient désignées par les médias et l'opinion publique comme les fleurons d'une nation, l'image à l'étranger d'un pays, les modèles à suivre par toute entreprise en croissance désirant s'exporter. A la faveur de plusieurs scandales fiscaux retentissants, elles sont devenues, au début des années 2000, les vilains profiteurs de la mondialisation. Aujourd'hui, nombreux sont les exemples d'hommes politiques ou de médias qui mentionnent tristement dans leurs discours les montages fiscaux permettant de déplacer, transférer en interne, les bénéfices de certaines sociétés vers des juridictions où la fiscalité est faible, voire nulle.

---

[6] *Unctad, World Investment Report 2016 (WIR16),* 2016

Phénomène qui n'est pas sans lien avec ces opérations intragroupe, nous assistons, depuis deux décennies environ, à une forte concentration des actifs incorporels dans certains pays spécifiques où la fiscalité leur est particulièrement favorable : Irlande, Luxembourg, Caïmans, Hong Kong, Singapour, etc., chaque région du globe détenant son ou ses pôle(s) d'attractivité. Le cas de Google offre une illustration intéressante de la façon dont ces groupes structurent la détention de leurs actifs. Ainsi que l'illustre l'organigramme ci-dessous, nous remarquons l'accumulation de sociétés intermédiaires bénéficiant chacune d'une mesure d'exonération spécifique ou d'un système d'imposition particulier :

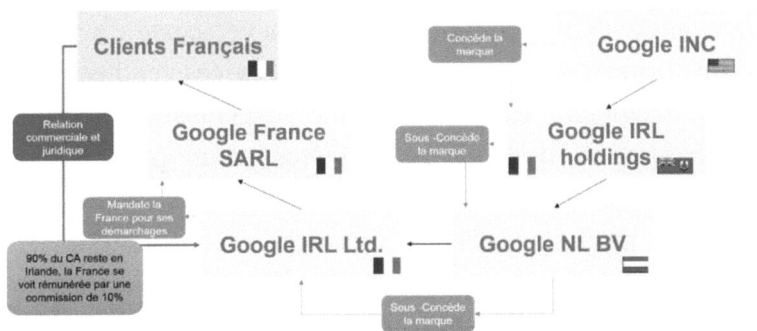

Figure 1 *Schéma synthétique représentant l'organisation des licences et sous-licences et les versements de fees entre Google France et la société mère Google Inc.*

Google France agit comme un agent pour le compte de Google IRL Ltd. (Irlande), la société française se voit reverser 10 pour cent du chiffre d'affaires généré en France sous la forme de commissions, le reste demeure en Irlande où il est partiellement imposé à hauteur de 12,5 pour cent. Google IRL Ltd. verse une redevance représentant 72 pour cent de ses résultats à Google NL BV qui, elle-même, reverse 99,8 pour cent de son chiffre d'affaires sous la forme d'une redevance à Google IRL holdings, société de droit mixte (Irlande et Bermudes).

La politique de rémunération des entités liées que nous venons de décrire dans le cas de Google est appelée « politique de prix de transfert ». Cette thématique est au cœur du présent ouvrage. Avant de nous avancer plus loin sur ce sujet, attardons-nous à une définition formelle de cette expression : les prix de transfert sont les « prix auxquels une entreprise transfère des biens corporels, des actifs incorporels, ou rend des services à des entreprises associées[7] ». Selon une autre source, les prix de transfert peuvent se définir comme « le montant versé par le segment d'une organisation pour les biens ou services vendus par un autre segment de cette même organisation[8] ». Plus concrètement, il s'agit généralement d'un prix, le prix auquel *l'entreprise AA*, membre d'un *groupe Alpha*, vend certains produits, services ou actifs à *l'entreprise BB*, membre du même *groupe Alpha*. Les prix de transfert peuvent être utilisés pour répartir les profits d'un groupe entre les différentes filiales qui le composent, ils ont donc un impact sur les comptes sociaux. En localisant une part importante du profit d'un groupe dans des pays à la fiscalité

---

[7] Ocde, *Principes de l'Ocde applicables en matière de prix de transfert à l'intention des entreprises multinationales et des administrations fiscales*, 2010.
[8] Horngren (Charles), Sundem (Gary), Schatzberg (Jeff), *Introduction to Management Accounting*, Prentice Hall, 2012.

faible, il devient possible de réduire la charge mondiale de l'impôt global versé.

Les transactions intragroupes sont aujourd'hui au cœur de la plupart des conclusions émises par les économistes sur les dangers de la mondialisation. Ces opérations sont les principaux biais permettant de bénéficier de la concurrence fiscale entre Etats. Ce sont les outils concrets, réels, pratiques, ceux utilisés tous les jours par les entreprises pour limiter l'impôt payé par leurs groupes. Si, en eux-mêmes, ils n'ont pas de caractère négatif, leur utilisation abusive, excessive et détournée est le centre de la stratégie de défiscalisation des entreprises multinationales.

Pourquoi ce sujet semble avoir pris soudainement une place si grande dans l'esprit de nos dirigeants et des chefs d'entreprises ? Cela fait plusieurs décennies que ces opérations existent, voire plusieurs siècles. S*tricto sensu*, la *East Indian Company* – qu'elle soit britannique ou néerlandaise - procédait déjà à des opérations de ce type. Les grandes entreprises du début du siècle dernier effectuaient également des transactions intragroupe sans que cela semble avoir troublé quiconque. Avant de devenir l'un des sujets de prédilection des fiscalistes, les prix de transfert étaient simplement considérés comme un outil de gestion et de mesure de la performance destiné à évaluer la rentabilité des entités d'un groupe : en se refacturant de manière adaptée les biens et les services échangés, les entités peuvent être identifiées par la direction centrale comme des centres de profits, des îlots distincts, ayant des performances spécifiques. Aucune notion de fiscalité ne s'attache donc encore ici à cette expression. Ce n'est qu'à partir du milieu du XXe siècle que les prix de transfert ont cessé d'être exclusivement une problématique managériale et stratégique pour devenir essentiellement une problématique fiscale.

Dans la presse de ces dernières années, on a vu s'afficher les politiques de prix de transfert de Starbucks, Amazon, Pfizer, Hewlett-Packard. Ces entreprises sont les cibles d'un nouveau phénomène de « *tax shaming*[9] », consistant à montrer du doigt les pratiques fiscales des grands groupes, sans que ces dénonciations aient nécessairement des impacts juridiques...mais qui font malgré tout réagir les entreprises. « *The general public has little tolerance for overly aggressive tax planning* » analysait Doug Shulman en 2009 lors d'un congrès de la *National association of corporate directors*. Starbucks UK, filiale britannique du distributeur américain de café, s'est ainsi retrouvée au cœur d'un scandale enflammé. Objet de vives critiques, huée par l'opinion, l'entreprise a spontanément reversé plusieurs dizaines de millions de livres sterling au gouvernement britannique dans l'espoir de redorer son blason[10].

Ampleur du phénomène

Il est extrêmement difficile de chiffrer exactement le montant global des transactions intragroupe réalisées à l'échelle mondiale. La diversité des référentiels, la « fragilité » des informations comptables émises dans

---

[9] Barford (Vanessa) et Holt (Gerry), *Google, Amazon, Starbucks: The rise of 'tax shaming'*, *BBC News Magazine*, 21 mai 2013.
[10] Hanlon et Slemrod (2009) ont démontré que le prix des actions d'une entreprise accusée de fraude a tendance à baisser.

certains pays, les pratiques des entreprises consistant à s'échanger sous forme de troc des biens et des services, ainsi qu'un ensemble de facteurs relatifs à l'absence de volonté des Etats de communiquer des informations sur leurs entreprises nationales, ces facteurs rendent incertaine toute tentative d'évaluation de l'ampleur des opérations intragroupe ou des fraudes liées à ces opérations.

Malgré le manque évident d'informations à l'échelle mondiale, plusieurs organismes et chercheurs[11] sont parvenus à émettre des hypothèses sur l'importance des volumes de transactions intragroupe (la fraude à une échelle mondiale étant impossible à évaluer) ; les résultats de leurs recherches sont édifiants et justifient grandement l'intérêt que nous portons à ce sujet.

Ainsi, selon les Nations unies, ces opérations représenteraient au total 30 pour cent du commerce mondial : « *... with intra-firm trade generally regarded as comprising more than 30 per cent of global trade, there is reason to believe that the figures are large. While more research still needs to be done on the size of the potential losses for developing countries, and the situation will no doubt vary greatly from country to country, there is clearly great scope for pricing decisions about intra-group transactions that detrimentally impact domestic revenues for development[12]* ».

---

[11] Yeats (Alexander), *Just How Big Is Global Production Sharing*, World Bank, 1999 ; Lanz (Rainer) et Miroudot (Sébastien), *Corporate taxes and intra-firm trade,* Presse Ocde, 2011.

[12] Nation Unies, *Pratical manual on transfer pricing for developing countries,* 2013.

L'Organisation de coopération et de développement économiques (« Ocde » ci-après) et l'Organisation mondiale des douanes estiment que ces transactions pourraient représenter des montants considérables : « …Ces multinationales étant à l'origine d'environ 60 pour cent[13] des échanges internationaux, la question du prix de transfert est devenue un sujet de débat central dans les milieux fiscalistes internationaux[14] ».

Ainsi, suivant les analystes, les transactions intragroupe pourraient représenter entre 30 pour cent et 60 pour cent de la totalité des échanges réalisés à travers le globe.

Concernant les cas de fraude, dans un document de travail publié par la banque de France en 2015[15], Vincent Vicard analyse le comportement des entreprises multinationales établies en France et constate que leurs opérations intragroupe font l'objet de manipulations fréquentes. Grâce à l'utilisation de données détaillées d'exportations et d'importations par pays d'origine et de destination, l'auteur établit que l'écart de prix entre les transactions intragroupe et les transactions entre entreprises indépendantes varie systématiquement avec le différentiel de taux d'imposition. Les résultats empiriques démontrent que ces manipulations ont réduit l'assiette d'imposition des

---

[13] Richard Murphy, « *70% of world trade is between multinational corporations* ».
[14] Site de l'Ocde : http://www.oecd.org/fr/ctp/prix-de-transfert/conferenceinternationalesurleprixdetransfertetlevaluationendouane.htm.
[15] Vicard (Vincent), *Profit shifting through transfer pricing: evidence from french firm level trade data*, Banque de France, Mai 2015.

sociétés françaises de 8 milliards de dollars en 2008, « phénomène dont l'ampleur augmente depuis 2000[16] ». Cette stratégie d'optimisation permet aux groupes multinationaux, implantés en France, de réduire leurs impôts sur les sociétés de 10% en moyenne : « *The underreported taxable income due to profit shifting through transfer pricing on both exports and imports is estimated at USD8Bn in 2008, and is growing over time in France. Such pricing strategies enable multinational groups that trade with related parties located abroad to reduce the corporate tax they pay in France by 10% on average*[17] ».

Un environnement favorable aux pratiques abusives

Les gouvernements des pays industrialisés sont les premiers responsables à l'origine du développement des stratégies d'optimisation contre lesquelles ils entendent aujourd'hui lutter. Le phénomène de mondialisation, favorisé par les politiques libérales et facilité par les développements technologiques, a permis aux entreprises multinationales de profiter aisément des différences fiscales que les Etats entretiennent entre eux par ailleurs – i.e. compétition fiscale. Cette compétition fiscale est le seul fait des gouvernements et ses conséquences sont terrifiantes et vont bien au-delà de la simple perte de revenus pour les Etats.

---

[16] Vicard (Vincent), *ibid.*
[17] Vicard (Vincent), *ibid.*

Arnaud de Montebourg, dans son livre sur la démondialisation, publié en 2011, offre une synthèse des impacts de cette relation entre Etats : « il n'y a pas d'issue, dans la concurrence fiscale effrénée qu'ont engagée les Etats du Nord, autre que la destruction de la protection sociale, des services publics et la montée structurelle de la dette publique, avec des mesures finales injustes à la clé[18] ».

Egalement, il apparaît évident que les gouvernements ont mal évalué l'impact des évolutions technologiques et techniques dans l'organisation et le fonctionnement des entreprises. Depuis une trentaine d'années, sous l'effet conjugué de services de télécommunication moins onéreux et plus fiables, de la conteneurisation, de l'ouverture des frontières, de l'automatisation, de l'intermodalité croissante du transport des marchandises, de l'utilisation de logiciels de gestion de l'information et d'ordinateurs de plus en plus puissants, les coûts induits par la coordination d'activités complexes au sein et entre entreprises, même très éloignées, ont considérablement diminué. Ces évolutions ont facilité les délocalisations des activités et le développement des structures opérationnelles complexes que nous connaissons et que nous avons décrites précédemment.

En particulier, les années 70, 80 et 90 furent marquées par de nombreuses restructurations et délocalisations. Les entreprises multinationales se sont transformées en profondeur et nous avons assisté à un phénomène ample de spécialisation verticale, désignée par l'Organisation

---

[18] De Montebourg (Arnaud), *Votez pour la Démondialisation*, Flammarion, 2011.

mondiale du commerce sous l'expression « chaîne de valeur mondiale » ou « CVM[19] ». L'intensification du phénomène de mondialisation a ainsi favorisé un niveau sans précédent d'interdépendance entre les pays : plus que jamais, « Rome n'est plus Rome, elle est toute où je suis[20] ».

Pour simplifier, la situation pourrait être résumée par une relation mathématique simple : (Concurrence fiscale entre Etats et politique pro-libérale) + (mondialisation et développements technologiques) = restructuration des grands groupes, délocalisations, développement d'un phénomène de chaîne de valeur mondiale et stratégies agressives d'optimisation fiscale.

---

[19] Cette expression désigne l'ensemble des activités menées par une entreprise pour mettre un produit sur un marché ; cela depuis la création du produit jusqu'au support client, en passant par la production, le marketing, la logistique, la distribution, etc.

[20] Corneille (Pierre), *Sertorius,* 1662, III, 1.

Chapitre premier

Stratégie d'évasion

Considérons le cas d'une entreprise française qui achète des micro-ondes à sa filiale japonaise. Le prix auquel les micro-ondes sont achetés – le prix de transfert – détermine la répartition des profits reportés par les deux entités – française et japonaise – et donc, des impôts qu'elles devront payer. Si, dans notre exemple, le parent français paye un prix artificiellement bas, la filiale japonaise pourra se trouver dans une situation financière difficile, cela même si le groupe dans son ensemble est bénéficiaire. Dans cet exemple, l'administration fiscale française ne sera pas mécontente de se voir attribuer des profits supplémentaires. Ce ne sera pas le cas de l'administration fiscale japonaise qui se trouve alors privée de certains de ses revenus et pourra demander le redressement des montants imposés au Japon sur la base des revenus théoriques que l'entité japonaise aurait dû percevoir.

Un groupe doit donc chercher à rémunérer ses entités par un prix « juste », un prix respectueux des mécanismes du marché. Ce prix est dit « de pleine concurrence ». Un groupe qui ne rémunérerait pas ses entités par un prix de pleine concurrence pourra être accusé d'avoir des pratiques illégales. Il faut donc que les entreprises cherchent à imiter au maximum les pratiques commerciales et financières comparables réalisées sur le marché libre et qu'elles génèrent des bénéfices suffisants et cohérents avec leurs activités.

Dans certains cas exceptionnels, une administration fiscale pourra accepter qu'une filiale d'un groupe génère des pertes malgré la présence de sommes importantes versées à des entités liées dans le cadre de transactions intragroupe. A titre d'illustration, une entreprise, s'efforçant d'entrer sur un nouveau marché ou désirant accroître ou préserver sa part de marché, pourra temporairement supporter des coûts plus élevés (coûts de lancement ou de renforcement, effort de commercialisation, marketing, etc.) et réaliser ainsi des bénéfices inférieurs à ceux d'autres contribuables opérant sur ce même marché. Cependant, une entreprise indépendante n'acceptera pas de supporter des pertes indéfiniment et finira par cesser ses activités. De la même façon, la politique de prix de transfert d'une entreprise doit être réduite à ce qui pourrait être supporté par une entreprise indépendante dans des conditions comparables. Ainsi, des prix particulièrement bas ne devraient normalement être pratiqués que pendant une période limitée, précisément dans le but d'accroître les bénéfices à long terme. Si une telle stratégie de prix se poursuit au-delà d'une période raisonnable, un ajustement du prix de transfert pourrait être requis par l'administration fiscale.

Exemple simplifié d'opération

Suivons une formule qui a fait ses preuves - « Une once de pratique vaut mieux que des tonnes de discours » - analysons notre sujet par une illustration et prenons le cas – simplifié à l'extrême - d'un groupe multinational qui produit aux Etats-Unis des radiateurs destinés au marché allemand.

Configuration 1 - Dans un premier temps, admettons que le groupe se compose uniquement d'une entreprise de production localisée aux Etats-Unis et d'une filiale spécialisée dans la distribution et localisée en Allemagne. Chacune des deux sociétés a des coûts de production/distribution de 10 euros. L'entreprise américaine vend ses produits à 15 euros à sa filiale allemande. Le prix de vente d'un radiateur sur le marché est de 30 euros. Dans cette première configuration, chacune des deux sociétés génère un bénéfice de 5 euros imposé à hauteur de 30 pour cent, pour la société américaine et 35 pour cent, pour la société allemande.

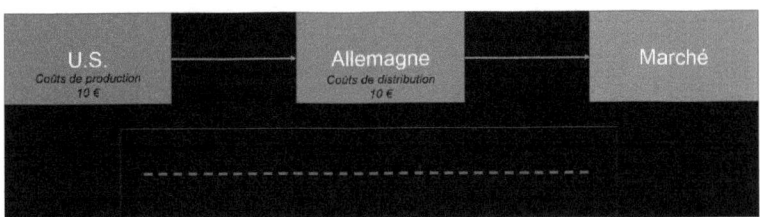

Figure 2 *Exemple d'opération de prix de transfert*

On relève dans cet exemple l'importance du prix de transfert dans le calcul de l'assiette de l'impôt : le prix de transfert est de 15 euros - c'est le prix de vente des radiateurs dans le cadre des transactions entre la société mère et sa filiale allemande ; imaginons que ce prix augmente, qu'il soit de 20 euros, la société allemande ne fait plus de bénéfice et la société américaine se retrouve donc, si toute chose reste égale par ailleurs, avec un bénéfice imposable de 10 euros (au lieu de 5 euros auparavant). Avec cette nouvelle stratégie de prix de transfert, la société allemande ne paye plus d'impôt tandis que la société américaine fait passer le montant de son impôt sur les sociétés de 1,5 euro à environ 3 euros.

Configuration 2 - Admettons que, dans le cadre de son développement, le groupe décide d'implanter une filiale en Suisse afin de coordonner la distribution de ses produits en Europe et de procéder à certaines opérations de manutention ou d'emballage. Elle profite de cette restructuration pour changer également sa politique de prix de transfert.

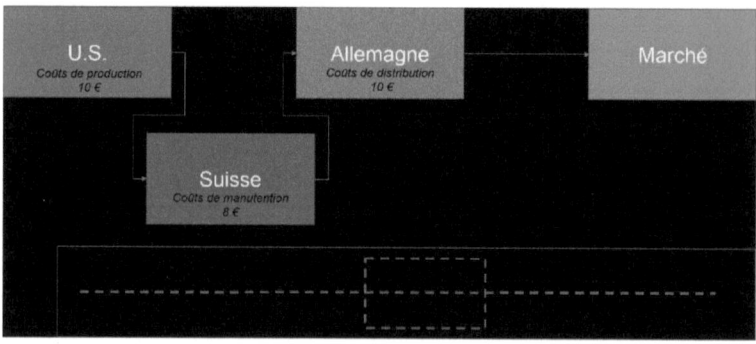

Figure 3 *Exemple d'opération de prix de transfert faisant intervenir une entité suisse*

Le groupe vend toujours ses radiateurs à 30 euros en Allemagne. Les charges supportées par les entreprises allemande et états-unienne restent pratiquement inchangées – 10 euro. La Suisse, dont le taux d'impôt sur les sociétés est quatre fois inférieur (8 pour cent) à celui appliqué aux Etats-Unis et en Allemagne, génère 8 euros de profit. Dans cette configuration, les bénéfices du siège et de la filiale allemande ne sont plus que de 1 euro par radiateur vendu. Le montant global de l'impôt payé par le groupe s'en trouve significativement réduit : 1,2 euro environ - contre environ 3 euros dans la configuration 1.

De manière générale, il doit sembler évident que lorsqu'une filiale est soumise à un impôt sur les sociétés de 30 pour cent, et que cette filiale vend des biens à une sœur, localisée dans un territoire où l'IS est de 8 pour cent, il est plus intéressant de vendre le moins cher possible afin de limiter les profits de la société soumise à un fort taux d'IS et 'gonfler' artificiellement ceux de la société localisée dans le pays à faible taux d'imposition. Par ces pratiques, l'impôt global du groupe se trouve diminué.

La fraude en prix de transfert

La fraude en prix de transfert se manifeste lorsque les dirigeants d'entreprises multinationales manipulent les profits des entités avec l'intention manifeste d'échapper à l'impôt. En pratique, cette allocation des bénéfices résulte généralement d'une stratégie de fixation des prix intragroupe aussi appelée stratégie de prix de transfert. Elle vise à diminuer ou augmenter artificiellement les prix des biens, intérêts, fees, services, royalties, etc. utilisés entre des parties liées appartenant à un même groupe[21].

Eden and Smith (2011) définissent la fraude en prix de transfert comme l'avantage fiscal qui résulterait d'une « manipulation agressive des prix » :

« *...transfer price manipulation, that is, the over or under-invoicing of prices for intrafirm transaction* » ... « *transfer pricing was used to avoid or evade payment of corporate income tax and if so, whether the manipulation was overly aggressive. In other words, national governments are specifically concerned about situations where aggressive transfer pricing manipulation focused on tax or regulatory minimization moves " over the line " into abusive transfer pricing, which we define as illegal or fraudulent transfer pricing* ».

Reprenons notre exemple précédent. Une fraude pourra être constatée si l'administration fiscale –américaine ou allemande – estime que la rémunération de ses entités locales est artificiellement basse au regard de ce qui se pratique sur le marché. Dans la configuration 2, l'essentiel des profits étant localisé en Suisse, les administrations fiscales des deux pays mentionnés précédemment devront démontrer que la rémunération de la société suisse est trop élevée et qu'il y a une volonté manifeste d'échapper à l'impôt sur les sociétés en Allemagne et aux Etats-Unis.

Les pratiques fiscales frauduleuses et abusives sont évidemment désastreuses et néfastes pour notre

---

[21] Hanlon (Michelle) et Heitzman (Shane), *A review of tax research*, Journal of accounting and economics, 2010.

environnement économique et social. En particulier, les pays en développement souffrent de l'absence de contrôles et de réglementations adaptés. Dans un document datant de 2009, le Conseil mondial des églises rapporte que les « *developing countries annually lose millions, perhaps billions, of dollars because of transfer pricing* »; le rapport qualifie les abus en prix de transfert de « *tax dodging* », «*cooking the books* », «*secret deals* », « *scams* », ou encore d'une technique malhonnête destinée à voler les pauvres : « *rob the poor to keep the rich tax-free* ».

Selon l'Ocde, le manque à gagner pour les États serait compris entre 4 et 10 % des recettes de l'impôt sur les bénéfices des sociétés, soit 100 à 240 milliards de dollars chaque année dans le monde[22].

Le cas Starbucks

« *You could think of Starbucks' differing versions of its experience in the UK as two different coffees. To its investors, it sells an espresso - strong and vibrant. The UK taxman gets a watered-down Americano*[23] ».

Starbucks UK, avec 400 millions de livres sterling de chiffre d'affaires au Royaume-Uni, appartient à l'un des plus grands groupes de restauration au monde. La filiale UK n'a reporté aucun bénéfice en 2012 et n'a payé pratiquement aucun impôt malgré de bonnes

---

[22] Ocde, *Projet Beps, exposé des actions*, 2015.
[23] Bergin (Tom), *Special Report: How Starbucks avoids UK taxes*, Reuters, 15 octobre 2012.

performances[24] entre 2009 et 2013 - Starbucks UK a déclaré une perte nette de 52 millions de livres sterling en 2009 et de 34 millions de livres sterling en 2010. En comparaison, McDonald's a reporté, entre 2009 et 2012, un chiffre d'affaires de plus de 3,6 milliards de livres sterling et a payé 80 millions de livres sterling d'impôts. Kentucky Fried Chicken, toujours sur la même période, a dû payer 36 millions de livres sterling d'impôts pour un chiffre d'affaires de 1,1 milliard de livres sterling au Royaume-Uni.

Pour obtenir des résultats imposables nuls ou négatifs, l'entreprise bénéficie d'une stratégie de prix de transfert efficace mettant en concurrence plusieurs juridictions et employant plusieurs outils régulièrement utilisés par les grands groupes : le versement de fees, le paiement d'intérêts, l'achat de produits intermédiaires – nous pourrions également mentionner les prestations de services supports.

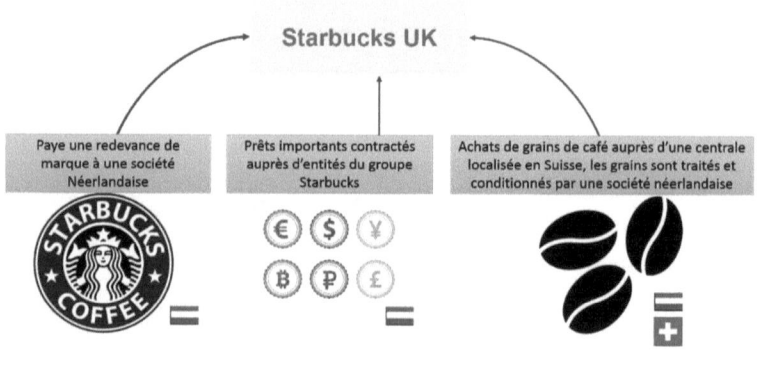

---

[24] Barford (Vanessa) et Holt (Gerry), *Google, Amazon, Starbucks: The rise of 'tax shaming'*, BBC News Magazine, 21 mai 2013.

Figure 4 Starbucks UK - principaux flux intragroupe

Starbucks UK verse à des filiales localisées aux Pays-Bas et en Suisse - notamment Starbucks Coffee EMEA BV – des fees pour l'utilisation de sa marque, « *a licence to lose money*[25] ». Ces royalties représenteraient 6 pour cent du chiffre d'affaires de la société britannique. Deuxièmement, l'entreprise achète son café auprès d'une société sœur localisée en Suisse : Starbucks Coffee Trading Co. Avant d'atteindre ses entrepôts en Grande-Bretagne, les grains de café sont cuits par une entreprise localisée aux Pays-Bas - que la société britannique rémunère naturellement pour cette activité. Troisième levier, l'entreprise utilise des prêts intragroupe. Ces prêts internes sont rémunérés à Libor+4 - contre Libor +0 pour McDonald's et Libor+2 pour KFC –, sans compter certains autres produits hybrides[26].

Aux Pays-Bas, jusqu'à récemment, le groupe Starbucks bénéficiait de certaines mesures de faveur accordées par le gouvernement dans le cadre de ses activités de torréfaction de café : « … la Commission est parvenue à la conclusion que le Luxembourg a accordé des avantages fiscaux sélectifs à la société de trésorerie de Fiat et que les Pays-Bas en ont fait de même en faveur de la société de torréfaction de café de Starbucks. Dans les deux cas, un

---

[25] Bergin (Tom), *Special Report: How Starbucks avoids UK taxes*, *Reuters*, 15 octobre 2012.
[26] Produits financiers qui empruntent des caractéristiques à la fois aux produits actions et aux produits de dettes. Les obligations convertibles, les obligations remboursables en actions sont des titres hybrides.

ruling de l'administration fiscale compétente a réduit artificiellement l'impôt payé par l'entreprise[27] ».

Les *rulings* font partie du très large attirail d'avantages fiscaux que les gouvernements peuvent – plus ou moins librement suivant les circonstances – accorder aux entreprises dans le but de les attirer sur leurs territoires. La commission rappelle à ce titre la définition d'un « *ruling* » : « Il s'agit de lettres d'intention émises par les autorités fiscales afin d'éclairer une entreprise sur la manière dont l'impôt sur les sociétés dont elle est redevable sera calculé ou sur l'application de dispositions fiscales particulières[28] ».

Résultat de l'influence importante des lobbies des grandes entreprises américaines sur leur gouvernement, les Etats-Unis sont, de loin, les plus grands experts en matière d'avantages fiscaux. On mentionnera par exemple la « *tax holiday* » accordée à plusieurs grandes entreprises du web afin qu'elles puissent rapatrier leurs liquidités à un taux d'imposition avantageux[29]. Autre exemple, la « *cash box 666* » exploitée légalement par Google Inc. aux Bermudes dans laquelle sont retenus une partie des bénéfices[30] étrangers destinés aux Etats-Unis.

Concernant le cas des rulings jugés par la commission du 21 octobre 2015, il s'est avéré que les accords examinés

---

[27] Commission européenne - Communiqué de presse, Bruxelles, le 21 octobre 2015.
[28] Commission européenne - Communiqué de presse, *Ibid*.
[29] Drucker (Jessy) et Coy (Peter), Apple, Google May Profit on a Tax Holiday, Bloomberg, 17 mars 2011.
[30] "The post box in Bermuda numbered 666 which receives Google profits worth £8bilion a year" Tim Sculthorpe, The Dailymail, 31 janvier 2016.

par la commission ont permis l'utilisation de méthodes « complexes et artificielles ». La commission a estimé que « Ces méthodes ne tiennent, en effet, pas compte de la réalité économique. En particulier, les prix fixés pour les biens et les services échangés entre sociétés du groupe Fiat, dans un cas, et du groupe Starbucks, dans l'autre (les « prix de transfert ») ne correspondent pas aux conditions du marché. Il en résulte que l'essentiel des bénéfices de la société de torréfaction de café de Starbucks est transféré à l'étranger, où il n'est pas imposé ...[31] ».

---

[31] Commission européenne - Communiqué de presse, *ibid.*

Chapitre II

Rôle de l'Ocde

Les Etats se trouvent naturellement emportés dans la mécanique du monde sans avoir individuellement la force de lutter contre ses effets. Ils ont donc dû créer des structures intergouvernementales afin d'unifier leurs actions et gagner en impact.

En matière de fiscalité, l'Ocde occupe ce rôle central d'unification des décisions. En vertu de l'article 1er de la Convention signée le 14 décembre 1960 et entrée en vigueur le 30 septembre 1961, l'Ocde a pour objectif de promouvoir des politiques visant à :

« 1) réaliser la plus forte expansion de l'économie et de l'emploi et une progression du niveau de vie dans les pays membres, tout en maintenant la stabilité financière, et à contribuer ainsi au développement de l'économie mondiale,

2) contribuer à une saine expansion économique dans les pays membres, ainsi que les pays non membres, en voie de développement économique,

3) contribuer à l'expansion du commerce mondial sur une base multilatérale et non discriminatoire conformément aux obligations internationales[32] ».

Les pays qui ont participé à la création de cette organisation sont : l'Allemagne, l'Autriche, la Belgique, le Canada, le Danemark, l'Espagne, les Etats-Unis, la France, la Grèce, l'Irlande, l'Islande, l'Italie, le Luxembourg, la Norvège, les Pays-Bas, le Portugal, le Royaume-Uni, la Suède, la Suisse et la Turquie.

Les pays devenus membres ultérieurement par adhésion sont : le Japon (28 avril 1964), la Finlande (28 janvier 1969), l'Australie (7 juin 1971), la Nouvelle-Zélande (29 mai 1973), le Mexique (18 mai 1994), la République tchèque (21 décembre 1995), la Hongrie (7 mai 1996), la Pologne (22 novembre 1996) et la Corée (12 décembre 1996).

Rôle de l'Ocde en matière de prix de transfert

Au niveau international, cette organisation occupe un rôle leader dans le développement d'un nouveau système uniformisé de normes. Son comité des affaires fiscales, principal organe de politique fiscale internationale, publie régulièrement des rapports, guides et recommandations sur le sujet. Nous reconnaîtrons par exemple l'influence d'un document phare, intitulé *Principes de l'Ocde applicables en matière de prix de transfert* ou *Principes Ocde*, dans les réglementations actuellement appliquées par la plupart des

---

[32] OCDE, *Convention relative à l'Organisation de coopération et de développement économiques*, Paris, 14 décembre 1960.

gouvernements. Ce document, présenté sous la forme d'un guide, est une réappropriation et une actualisation de différents rapports publiés par l'Ocde sur le sujet : notamment le document intitulé *Prix de transfert et entreprises multinationales* publié en 1984 et celui intitulé *Sous-capitalisation* publié en 1987.

Les principaux points abordés dans les *Principes Ocde* sont :

- l'attachement de l'organisation au principe de pleine concurrence (chapitre I),
- les méthodes de prix de transfert et les différents contextes dans lesquels elles peuvent être employées. (chapitre II),
- une présentation de l'analyse de comparabilité (chapitre III),
- une présentation des méthodes administratives destinées à éviter et à régler les différends en matière de prix de transfert (chapitre IV),
- une présentation de la documentation de prix de transfert (chapitre V),
- certaines considérations applicables aux biens incorporels (chapitre VI),
- certaines considérations applicables aux services intragroupe (chapitre VII),
- la définition d'un accord de répartition des coûts (chapitre VIII),
- les prix de transfert dans le cas des réorganisations d'entreprises (chapitre IX).

L'Ocde est également à l'origine du *Modèle de convention fiscale de l'Ocde concernant le revenu et la fortune* (ou, *Modèle de convention fiscale de l'Ocde*). Ce document constitue la base du réseau de conventions bilatérales signées par les Etats membres de l'Ocde et certains Etats non-membres. Il aborde de nombreux sujets relatifs au traitement fiscal des opérations internationales : les articles 5 et 7 définissent l'établissement stable, l'article 9 traite de l'imposition des bénéfices des entreprises associées et du principe de pleine concurrence, les articles 25 et 26 organisent les procédures de règlement des différends.

Projet Beps

En 2015, l'Ocde a publié plusieurs rapports résumés par l'acronyme *Beps*[33] pour « *Base Erosion and Profit Shifting* ». L'érosion de la base d'imposition et le transfert de bénéfices fait évidemment référence aux stratégies de planification fiscale qui exploitent les failles et les différences dans les règles fiscales en vue de transférer des bénéfices dans des pays où l'entreprise n'exerce aucune activité réelle. Le projet *Beps* cherche à établir une approche coordonnée au niveau international afin de faciliter et d'améliorer les mesures prises par les différents pays pour protéger leurs bases d'imposition – tout en protégeant les contribuables de la double imposition. Dans ce cadre, l'Ocde modifie et étoffe substantiellement ses *Principes en matière de prix de transfert*, l'objectif étant

---

[33] Consultez la page de présentation du projet sur le site de l'Ocde : http://www.oecd.org/fr/ctp/beps/

de fournir aux administrations des données fiables grâce auxquelles le droit fiscal pourra s'appliquer efficacement.

Beps recense 15 actions organisées en trois principes fondamentaux: cohérence, substance et transparence.

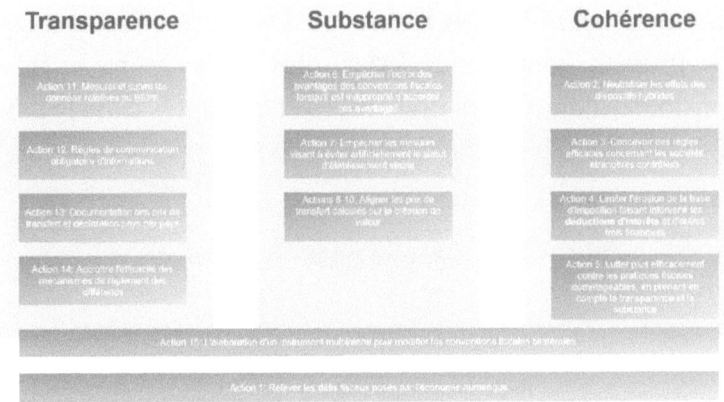

Figure 5 Tableau de synthèse actions Beps

Cohérence

Pour plus de cohérence dans le système international d'imposition, le plan prévoit quatre actions, il s'agit des actions 2, 3, 4 et 5.

L'action 2, intitulée *Instruments Hybrides*, vise les différences dans le traitement fiscal de certaines entités financières et de certains instruments hybrides. Ces différences peuvent permettre aux entreprises de réclamer plusieurs déductions pour la même dépense ou faire disparaître un revenu imposable. L'action 2 doit conduire à l'adoption des dispositions conventionnelles et des dispositions légales nationales visant à neutraliser les effets de ces montages financiers.

A titre d'illustration, admettons que l'entreprise A, résidente du pays 1, détient l'ensemble des parts de la société B, résidente du pays B. A est également liée à B par un prêt qu'elle lui concède. Le crédit est comptabilisé comme une dette dans le pays B mais considéré comme un produit d'*equity*[34] dans le pays A. Dans ces circonstances, les intérêts sont donc déductibles dans le pays B et considérés comme des dividendes et exemptés dans le pays A.

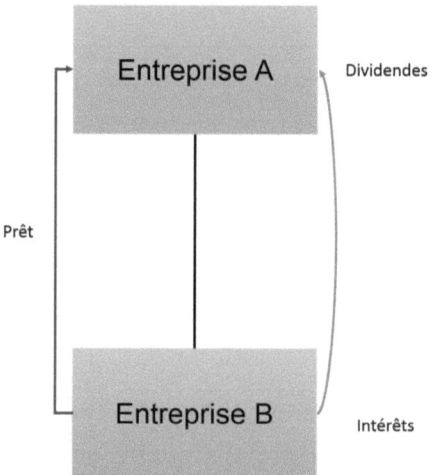

Figure 6 *Traitement des produits hybrides*

L'un des problèmes fondamentaux auquel les administrations se trouvent confrontées tient à la possibilité pour les entreprises multinationales de créer des filiales non résidentes et faire transiter les bénéfices d'une entreprise par ces filiales afin d'échapper à l'impôt. L'action 3,

---

[34] Une action par exemple

intitulée *Règles concernant les sociétés étrangères contrôlées*, vise le cas de ces entreprises non résidentes.

L'action 4, *Déduction d'intérêts*, s'adresse au cas d'entreprises procédant à des déductions excessives d'intérêts afin de minorer leurs bénéfices imposables, ou qui recourent à l'emprunt pour financer la production d'un revenu exonéré.

L'action 5, *Pratiques fiscales dommageables*, cherche à établir une pratique coordonnée en matière d'imposition. Elle part d'un constat - déjà abordé en début de cet ouvrage - selon lequel les pays semblent engagés dans une compétition fiscale les conduisant à réduire leurs taux, il s'agit de s'accorder sur un ensemble de règles communes permettant aux pays de préserver leur souveraineté en matière fiscale.

Substance

Beps adresse également les problèmes liés à l'interposition de pays tiers dans le cadre bilatéral établi par des partenaires conventionnels et cherche à limiter les problématiques de substance rencontrées par le système fiscal international actuel. Le plan d'action vise les sociétés sans substance et les revenus liés soit à la surcapitalisation, soit à des risques mal évalués ou encore à des actifs incorporels. Le plan prévoit cinq actions en lien avec la notion de substance, il s'agit des actions 6, 7, 8, 9 et 10.

L'action 6, intitulée *Utilisation abusive des conventions fiscales* vise à limiter l'utilisation abusive de certaines conventions bilatérales réalisées dans le but de générer une double exonération, notamment par le recours à des sociétés-écrans. Une fois en application, cette action aboutira à une amélioration des dispositions conventionnelles actuelles, elle permettra d'émettre des recommandations afin de concevoir des règles nationales adaptées.

L'action 7, intitulée *Statut d'établissement stable*, cherche à limiter les mesures visant à éviter artificiellement le statut d'établissement stable. Certaines sociétés, qui ne sont pas considérées actuellement comme des établissements stables, et qui ne sont pas imposées dans leur pays d'origine, parviennent à se soustraire au paiement de l'impôt. Dans la mesure où le concept d'établissement stable est primordial dans le calcul de l'impôt, cette action doit conduire à une modification de la définition d'établissement stable de manière à empêcher également le contournement artificiel de ce statut.

Les trois actions suivantes concernent plus directement les pratiques en prix de transfert, il s'agit des actions 8, 9 et 10.

L'action 8 porte sur les actifs incorporels. Elle vise l'élaboration de règles destinées à empêcher le transfert de bénéfices par le biais de la vente d'actifs incorporels entre membres d'un même groupe.

L'action 9 porte sur la définition des risques et l'importance de la répartition des capitaux. Elle vise l'élaboration de règles destinées à empêcher le transfert de bénéfices par le transfert artificiel et non fondé de risques entre membres d'un même groupe ou par l'attribution d'une fraction excessive du capital aux membres de ce groupe. Avancée majeure, l'action 9 impose que les revenus transférés dans le cadre de transactions intragroupe soient proportionnels à la création de valeur et qu'une entité ne perçoive pas des revenus inappropriés du seul fait qu'elle s'est contractuellement engagée à assumer des risques ou à apporter du capital.

L'action 10 porte sur les transactions à risque élevé, elle introduit des règles destinées à encadrer certaines transactions réalisées entre entreprises d'un même groupe et dans lesquelles des entreprises indépendantes comparables ne s'engageraient pas, ou ne s'engageraient que rarement.

Transparence

Plusieurs mesures de transparence sont également suggérées par Beps. Entre autres, le plan d'action cherche à améliorer la collecte et l'analyse de données, à obliger les contribuables à fournir des informations plus spécifiques sur leurs stratégies de planification fiscale, à alléger et mieux cibler les obligations en matière de documentation de prix de transfert. Quatre actions sont directement concernées par ces objectifs, il s'agit des actions 11, 12, 13 et 14.

Dans le cadre de l'action 11, *Analyse des données du Beps*, l'Ocde cherche à cerner et établir les instruments qui permettront de suivre et évaluer l'efficacité et l'incidence économique des mesures prises pour remédier au transfert de bénéfices entre entreprises d'un même groupe.

Dans le cadre de l'action 12, *Règles de communication obligatoire d'informations*, l'Ocde cherche à obliger les contribuables et leurs conseils à révéler leurs dispositifs de planification fiscale agressive afin d'aider les administrations fiscales à repérer les nouveaux risques en la matière et dissuader les planifications agressives.

L'action 13, *Documentation des prix de transfert et déclaration pays par pays*, s'intéresse à la documentation de prix de transfert. Elle contribuera à augmenter la qualité et les volumes d'informations à la disposition de l'administration fiscale. Elle introduit un nouveau concept d'obligation déclarative sur la répartition mondiale du revenu, de l'activité économique et des impôts payés dans plusieurs pays par un même groupe.

L'action 14, *Règlement des différends*, permettra d'améliorer l'efficacité des mécanismes de règlement des différends afin que les mesures fiscales mentionnées ne freinent pas l'investissement et la croissance.

Autre avancée majeure dans le cadre de l'application de l'action 13, 31 juridictions se sont accordées en 2016 afin d'exiger le dépôt d'une *déclaration pays par pays* par les sociétés mères ultimes et à échanger cette déclaration sur une base automatique avec les juridictions dans lesquelles le groupe d'entreprises multinationales opère. Dans le cas où une juridiction ne fournirait pas ces informations, un mécanisme secondaire pourra être appliqué prévoyant le dépôt local de la déclaration pays par pays ou le dépôt de la déclaration par un membre désigné du groupe d'entreprises multinationales agissant au nom de la société mère ultime.

Chapitre III

Principe de pleine concurrence

Principe de première importance et incontournable dans les pays de l'Ocde, les prix de transfert doivent satisfaire au *principe de pleine concurrence* – principe que les praticiens connaissent mieux sous son appellation anglo-saxonne : *arm's length*.

Selon Lorraine Eden, professeur de management à l'université du Texas : « *The primary reason why governments have developed the arm's length standard is that they do not believe that MNEs set their transfer prices at arm's length, but rather engage in widespread transfer price manipulation, that is, the over or under-invoicing of prices for intrafirm transactions*[35] ».

Ce principe dispose que les conditions des relations commerciales et financières entre des entreprises associées doivent être régies par les mêmes mécanismes que ceux qui prévaudraient entre entreprises indépendantes. En application de ce principe, chaque entité du groupe doit être

---

[35] Eden (Lorraine), The ethics of transfer pricing, extrait d'une présentation de 2011 réalisée par l'auteur lors de l'AOS Workshop sur "Fraud in Accounting,

considérée comme un centre de profit distinct et non comme la sous-partie indissociable d'un ensemble unifié.

L'application du principe de pleine concurrence est fondé sur un texte relativement ancien intitulé *Taxation of foreign and national entreprises*. Publié et présenté en 1933 par Mitchell B. Caroll à la Ligue des Nations, il est repris de façon synthétique dans le paragraphe 1.6 des lignes directrices de l'Ocde : « (…) *when conditions are made or imposed between the two associated enterprises in their commercial or financial relations which differ from those which would be made between independent enterprises, then any profit which would, but for these conditions, have accrued to one of the enterprises, but, by reason of those conditions, have not accrued, may be included in the profits of that enterprise and taxed accordingly* ».

Bien qu'il ne soit pas toujours évident à mettre en œuvre, ce principe reste théoriquement valide et assure la meilleure approximation du fonctionnement des marchés : « …les pays membres de l'Ocde restent fermement attachés au principe de pleine concurrence. En fait, on ne lui a pas trouvé de solution de remplacement légitime ou réaliste…[36] ».

---

[36] Ocde, *Principes de l'Ocde applicables en matière de prix de transfert à l'intention des entreprises multinationales et des administrations fiscales*, 2010.

L'analyse de comparabilité

Une analyse des opérations de prix de transfert fondée sur le principe de pleine concurrence vise donc à déterminer si les conditions des transactions contrôlées diffèrent de celles qui seraient obtenues pour des transactions comparables sur le marché libre. Pour reprendre les termes utilisés dans les principes Ocde : « L'application du principe de pleine concurrence se fonde généralement sur une comparaison entre les conditions d'une transaction entre entreprises associées et celles d'une transaction entre entreprises indépendantes[37] ». Cette analyse - transactions contrôlées *versus* transactions sur le marché libre - est appelée *analyse de comparabilité*, elle se trouve au cœur de l'application du principe de pleine concurrence.

Le paragraphe 1.33 des principes de l'Ocde en matière de prix de transfert décrit les grandes lignes de l'analyse de comparabilité de la manière suivante : « il faut que les caractéristiques économiques des situations prises en compte soient suffisamment comparables. Cela signifie qu'aucune des différences éventuelles entre les situations comparées ne pourrait influer de manière significative sur l'élément examiné du point de vue méthodologique (par exemple, le prix ou la marge), ou que des correctifs (ou ajustements de comparabilité) raisonnablement fiables

---

[37] Ocde, *Principes de l'Ocde applicables en matière de prix de transfert à l'intention des entreprises multinationales et des administrations fiscales*, 2010.

peuvent être pratiqués pour éliminer l'incidence de telles différences. […][38] ».

L'analyse de comparabilité la plus simple et la plus évidente consiste en une comparaison des prix de deux transactions ayant des caractéristiques identiques, l'une réalisée entre les entreprises associées, l'autre réalisée entre entreprises indépendantes. Cette méthode est appelée *Méthode du prix comparable sur le marché libre*. Comme indiqué précédemment, elle consiste en une comparaison des prix d'un bien ou d'un service transféré dans le cadre d'une transaction contrôlée avec ceux d'un bien ou d'un service transféré dans des conditions comparables avec une entreprise indépendante ou entre entreprises indépendantes. Dans le cas où des écarts de prix seraient constatés, cela signifierait que les conditions des relations commerciales et financières ne sont pas identiques à celles présentées sur les marchés.

Prenons l'exemple de l'entreprise Radius France qui vend des radiateurs à une autre entreprise du groupe localisée en Espagne : Radius Espagne. En application de la méthode du prix comparable sur le marché libre, les conditions financières et commerciales de la transaction entre Radius France et Radius Espagne devraient être comparables :

(1) Soit aux conditions financières et commerciales entre Radius France et une entreprise tierce, soit aux

---

[38] Ocde, *ibid*.

conditions financières et commerciales entre Radius Espagne et une entreprise tierce,

Figure 7 *Application de la méthode du prix comparable sur le marché libre ; Analyse sur la base de comparables internes.*

(2) Ou encore, aux conditions financières et commerciales entre deux entreprises indépendantes sur le marché libre.

Figure 8 *Application de la méthode du prix comparable sur le marché libre ; Analyse sur la base de comparable externes.*

Lorsqu'il n'existe pas de prix comparable, d'autres méthodes doivent être envisagées et l'analyse peut alors être réalisée à partir d'indicateurs financiers tels que la marge sur coûts, la marge brute ou le bénéfice net, etc. Nous aurons l'occasion d'analyser ces méthodes dans la suite de l'ouvrage.

De nombreux sites internet et bases de données mettent à disposition des informations pouvant être utilisées dans l'analyse de comparabilité : Amadeus, Diane, Bloomberg, Reuters sont parmi les plus courants. Les entreprises ne disposant pas d'un accès à ces bases de données pourront sous-traiter la réalisation de leur recherche de comparables en s'adressant à des cabinets spécialisés.

Synergies

Dans sa forme originelle, le principe de pleine concurrence ne prenait pas en considération les économies d'échelle et les effets des interactions entre les membres d'un même groupe. Celia soulève le problème important de la comptabilisation de ces synergies: « *a system that forces on multinational firms similar prices to those faced by unrelated firms misses the point of multinationals: to cut costs by locating their activities more efficiently around the world*[39] ».

Si l'on se réfère à l'exemple du groupe Radius, les conditions commerciales et financières appliquées dans le cadre des transactions internes au groupe Radius devraient être identiques à celles appliquées dans le cadre de transactions entre entreprises indépendantes. Or, des entreprises liées peuvent bénéficier davantages du fait de

---

[39] The Economist, *Taxing questions*, 22 mai 1993, vol. 327

leur appartenance à un groupe, avantages que n'auraient pas des entreprises indépendantes.

Les synergies peuvent découler généralement d'une puissance d'achat cumulée ou d'économies d'échelle, de la conjonction et de l'intégration des systèmes informatiques et de communication, d'un système de gestion intégré, de l'élimination de doubles emplois, d'une capacité d'emprunt accrue, ainsi que de nombreux autres facteurs comparables. Elles se traduisent par une augmentation - ou une diminution - du montant global des bénéfices engrangés par les membres du groupe.

Lorsque des synergies - découlant d'actions délibérées - sont la source d'avantages ou d'inconvénients importants, il est alors nécessaire de déterminer : (i) la nature de l'avantage ou du désavantage, (ii) le montant que représente cet avantage ou inconvénient et (iii) la façon dont cet avantage ou inconvénient doit être réparti entre les membres du groupe d'entreprises multinationales.

Dans le cadre d'une analyse en prix de transfert, seules les synergies provenant d'actions délibérées pourront être considérées. A titre d'illustration, si un groupe centralise ses achats auprès d'une seule société dans le but d'obtenir des rabais liés aux volumes, on se trouve en présence d'une action délibérée et concertée. En revanche, lorsqu'un fournisseur offre unilatéralement un avantage à une entité en particulier, il n'y a pas d'action délibérée et concertée de la part du groupe, le rabais ne pourra donc pas être redistribué.

Les avantages découlant des synergies doivent être partagés par les membres du groupe à proportion de leur contribution à la création de la synergie constatée. Ainsi, les avantages liés à des achats importants sont partagés par les membres du groupe, généralement à proportion de leurs volumes d'achats.

Reprenons notre exemple précédent : les entreprises du groupe Radius achètent auprès d'un même fournisseur des produits intermédiaires. Du fait de l'importance des volumes, le fournisseur leur accorde un rabais de 100 euros, les entreprises devront alors répartir ce rabais en proportion des volumes d'achats de chaque entité.

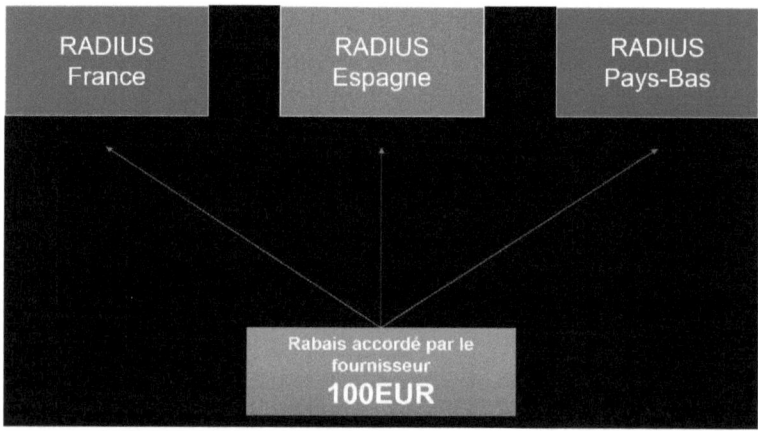

Figure 9 *Redistribution des rabais découlant de synergies délibérées*

Pratiques alternatives

Le principe de pleine concurrence révèle certaines limites intrinsèques dans les cas de groupes multinationaux produisant des bien spécialisés, traitant des incorporels uniques ou fournissant des services très spécifiques.

Egalement, il peut arriver que des entreprises associées se livrent à des transactions dans lesquelles des entreprises indépendantes ne s'engageraient pas. L'application du principe de pleine concurrence est alors impossible ou fournira des résultats peu fiables.

L'organisation Alliance Sud, dans une note d'information[40] datant de 2009, rapporte 4 limites associées à l'application du principe de pleine concurrence :

« (1) Les prix de marché existent pour les produits courants et standardisés. Quid du prix d'une pièce de précision d'une machine fournie par un seul fabricant ?[41] ».

En effet, le principe de pleine concurrence se fonde sur une comparaison avec des opérations comparables. Dans le cas où aucun comparable n'existe, la comparaison devient naturellement impossible à mettre en œuvre. Cette situation n'est pas si rare qu'il y paraît, de nombreuses entreprises réalisent des opérations pour lesquelles elles sont les seules à détenir les process.

« (2) Il est pratiquement impossible de déterminer le prix de marché réel de biens immatériels comme les brevets, les droits de marques ou les services de gestion[42] ».

L'évaluation par comparaison des actifs immatériels est source de nombreuses difficultés. L'accessibilité des informations –souvent confidentielles – et la qualité des

---

[40] Alliance Sud et la Déclaration de Berne, *Le principe de pleine concurrence – une arme émoussée contre l'évasion fiscale*, 2012.
[41] Alliance Sud et la Déclaration de Berne, *Ibid*.
[42] Alliance Sud et la Déclaration de Berne, *Ibid*.

informations contenues dans les contrats ne sont que les problèmes les plus évidents. Pour qu'une comparaison soit pertinente, il faudrait également que les situations dans lesquelles les acteurs exercent leurs activités soient comparables (part de marché, taille du marché, antériorité, etc.). En effet, les contrats portant sur la distribution d'actifs immatériels comportent des données et des clauses relatives à un contexte précis et sont difficilement transposables, en l'état, dans d'autres environnements.

« (3) Lorsque deux filiales d'une même société signent un contrat, les actionnaires et les décideurs sont les mêmes de part et d'autre. La plupart des contrats régissant les transactions entre sociétés indépendantes n'ont rien de semblable à ceux qui sont conclus lorsque les parties contractantes sont liées entre elles[43] ».

De la même façon que dans le cadre des accords sur la répartition d'actifs immatériels, les contrats divers, qui sont signés entre entreprises d'un même groupe, sont souvent uniques et difficilement transposables. Pour remédier partiellement à cette difficulté en ce qui concerne les services à faible valeur ajoutée (services administratifs, informatiques, supports, etc.[44]), il est parfois jugé acceptable, en Europe, d'utiliser un taux de rémunération standard compris entre 3 pour cent et 10 pour cent suivant

---

[43] Alliance Sud et la Déclaration de Berne, *Ibid*.
[44] Voir annexe 1

les recommandations contenues dans la communication de la Commission sur les travaux du forum conjoint de l'UE.

« (4) L'optimisation fiscale pour les multinationales n'est possible que parce que chaque filiale est considérée du point de vue juridique comme une entité indépendante, imposée séparément. Cette indépendance fictionnelle omet le fait que la plupart de ces montages ne servent qu'à diminuer la charge fiscale des holdings. Le principe de pleine concurrence renforce encore cette fiction, en faisant comme si les filiales pouvaient se composer en entreprises indépendantes[45] ».

En outre, ajoutons que l'application de ce principe impose des coûts importants. Il nécessite parfois de procéder à des recherches sur des bases de données externes ; le coût d'une recherche de comparables pouvant varier entre 1 500 euros et 15 000 euros pour chaque type de transaction contrôlée et chaque année vérifiée.

En conséquence, certaines juridictions choisissent de faire référence dans leurs textes à des pratiques alternatives ou n'appliquent pas de manière exclusive ce principe. On relève ainsi quatre formes de juridictions ayant chacune leur propre conception du principe de pleine concurrence :

1) Les juridictions faisant référence au principe de pleine concurrence dans leurs textes. C'est le cas de l'Australie ou du Royaume-Uni - « *the price which it might have been expected to fetch if the parties to*

---

[45] Alliance Sud et la Déclaration de Berne, *Ibid*.

the transaction had been independent persons dealing at arm's length[46] ».

2) Les juridictions pour lesquelles ce principe est systématiquement appliqué et paraît dans la majorité des jurisprudences sans pour autant être mentionné dans la loi, c'est le cas de la France et des Etats-Unis.
3) Les juridictions qui utilisent des méthodes alternatives, notamment des seuils fixes par secteur pour la déductibilité des produits importés et des règles convenues pour la reconnaissance des revenus provenant d'exportations.
4) Les juridictions avec un statut large, sans référence directe, mais qui se plient généralement à ce principe – c'est le cas de la Suisse et des Pays-Bas.

Le cas du Brésil est intéressant et constitue l'une des uniques alternatives au principe de pleine concurrence appliquée à une très grande échelle. En effet, la réglementation brésilienne est fondée sur la notion de seuils limites : elle impose un plafond de déductibilité sur les importations et une marge brute minimum standard pour les exportations. A titre d'illustration, les textes brésiliens imposent que les entreprises appartenant aux secteurs suivants soient dans l'obligation de générer une marge minimum de 40 pour cent : pharmaceutique et chimie, tabac, optique, photographie et cinéma, équipements hospitaliers, pétrole, gaz et dérivés. Les secteurs suivants doivent générer une marge plancher de 30 pour cent : production de produits chimiques, production de verre,

---

[46] Sec. 770 "Income and Corporation Tax Act 1988 C".

production de papier, production de pulpe de papier et produits intermédiaires, production de métallurgie. Et ainsi de suite pour tous les secteurs de l'industrie, du commerce et des services. Ici, les seuils se substituent partiellement à l'analyse de comparabilité et à l'application formelle du principe de pleine concurrence. Dans le cadre d'un contrôle, l'administration fiscale brésilienne s'attendra en priorité à ce que les prix pratiqués respectent ces seuils, cela facilite grandement le travail de conformité de l'administration fiscale et de l'entreprise.

Chapitre IV

Analyse des opérations intragroupe

L'analyse économique des opérations de prix de transfert est le nom donné à la méthode mise en place par les fiscalistes, les organes de contrôle et l'Ocde afin d'établir de nouvelles politiques de prix de transfert ou de vérifier la conformité de politiques existantes. Affinée par la pratique et les usages, cette méthode est aujourd'hui standardisée, elle a fait l'objet de nombreuses descriptions et guides dont nous proposerons une synthèse dans les lignes qui suivent.

Elle s'impose généralement aux entreprises répondant à certains critères[47], cependant, son usage tend à se généraliser à tous les types d'entreprises dès lors qu'elles sont liées à une entreprise étrangère par des liens juridiques ou de fait[48]. Elle se trouve généralement contenue dans un

---

[47]Dans le cas de la France, ces seuils sont définis à l'article L13AA du livre des procédures fiscales.

[48] La dépendance de fait est un concept relativement récent. On en trouve une définition intéressante dans le *Guide des prix de transfert à l'usage des PME* édité en France par la direction générale des impôts :
« Il y a dépendance de fait si l'entreprise étrangère exerce dans l'entreprise française directement ou indirectement un véritable pouvoir de décision (ou inversement).
Elle existe, par exemple, dans les cas suivants:
- une entreprise française qui est liée par un contrat avec une entreprise étrangère qui lui impose le prix de produits vendus ;

document intitulé « documentation complète de prix de transfert », l'usage de cette méthode d'analyse est recommandé dans la plupart des pays du monde.

Les étapes de l'analyse en prix de transfert

L'analyse économique des opérations de prix de transfert procède en une séquence de 8 étapes. Elle comprend :

- deux entreprises française et étrangère qui ont le même nom et qui utilisent le concours des mêmes représentants et se partagent les commandes recueillies par ces représentants ;
- une entreprise qui fabrique en France des biens sous une marque détenue par un résident étranger sans contrat de licence alors que l'entreprise étrangère achète la totalité de la production de l'entreprise française et intervient dans la gestion et dans la commercialisation en France des produits vendus à des clients indépendants.

La dépendance de fait se caractérise donc par la capacité d'une entreprise à imposer des conditions économiques à une autre entreprise ».

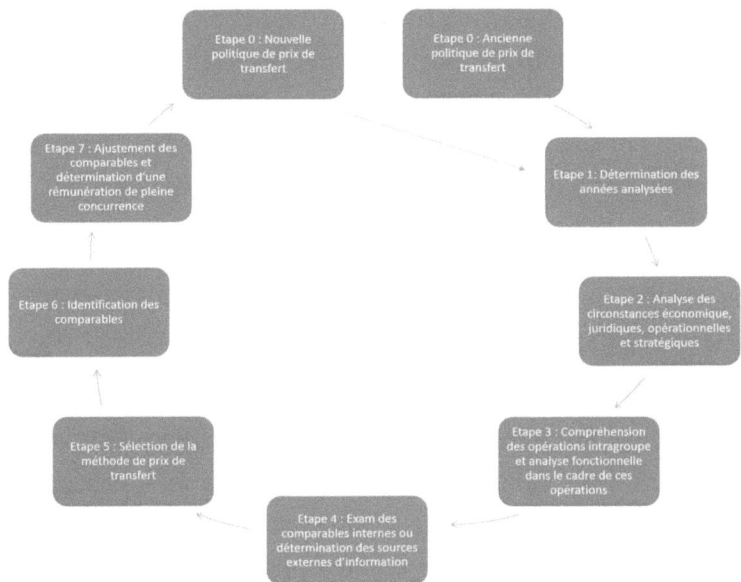

Figure 10 *processus d'analyse conduisant à la détermination d'une rémunération de pleine concurrence*

Etape 1 L'entreprise doit définir préalablement ses besoins. Il s'agira de répondre à une série de questions élémentaires : s'agit-il de vérifier une politique de prix de transfert existante ou l'entreprise cherche-t-elle à mettre en place une nouvelle stratégie de prix de transfert ? L'analyse est-elle réalisée pour des besoins internes ou est-elle destinée à l'administration fiscale ? Quel périmètre doit être considéré, doit-on analyser l'ensemble des transactions du groupe ou se limiter à une *business unit* ?

Étape 2 Détermination des années à inclure dans l'analyse. L'analyse portera généralement sur le dernier exercice clos. Dans le cadre d'un contrôle de comptabilité réalisé par une administration fiscale, cette dernière pourra s'intéresser à un exercice antérieur au dernier exercice.

Étape 3 Analyse de l'ensemble des circonstances dans lesquelles le contribuable opère : environnement économique, juridique, opérationnel et analyse de la stratégie et de l'organisation du groupe et de l'entreprise.

Étape 4 Définition d'un périmètre et analyse de la ou des transaction(s) examinée(s) en se fondant notamment sur une analyse fonctionnelle. L'analyse fonctionnelle occupe un rôle central dans la construction d'une méthode, elle permet de choisir la partie testée, la méthode de prix de transfert la plus appropriée compte tenu des circonstances, l'indicateur financier et les facteurs clés de comparabilité.

Étape 5 Examen des comparables internes existants, ou détermination de sources externes d'information.

Étape 6 Sélection de la méthode de prix de transfert la plus appropriée et détermination de l'indicateur financier à utiliser.

Étape 7 Identification des comparables.

Étape 8 Ajustements éventuels des informations comparables et détermination d'une rémunération de pleine concurrence.

Les différentes étapes entretiennent entre elles des liens étroits que nous pouvons schématiser ainsi :

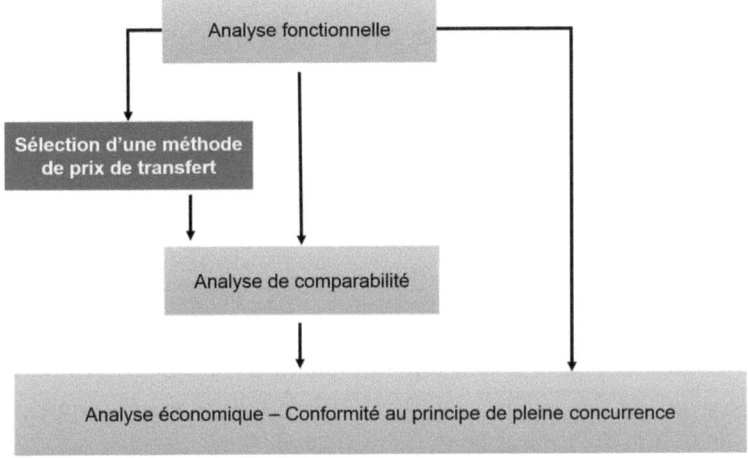

Figure 11 *Relation entre les étapes de l'analyse économique.*

Une analyse économique des opérations intragroupe doit être réalisée lors de la mise en place de la transaction ainsi qu'à différents moments au cours de l'existence des transactions analysées. En effet, une politique de prix de transfert n'est pas un monument figé, les groupes internationaux font face à des contraintes, des mouvements de marché, des évènements qui leur imposent de vérifier périodiquement la conformité de leurs transactions, notamment : lors d'une opération particulièrement importante venue modifier la structure de leurs opérations, lors d'une vérification de comptabilité ou à intervalles réguliers durant les procédures d'audit conduites par l'entreprise. Il est ainsi recommandé de réexaminer périodiquement la politique de prix de transfert d'un groupe afin de déterminer si les analyses fonctionnelles et économiques sont toujours pertinentes, et confirmer la validité de la méthode appliquée.

La documentation de prix de transfert

En matière de droit, la charge de la preuve doit revenir naturellement à l'administration fiscale (de manière générale au demandeur). Cependant, sans informations suffisantes, l'administration ne pourra pas instruire correctement un dossier, il revient donc au contribuable de justifier ses pratiques en rédigeant une documentation de prix de transfert. Il y a, dans ce cas, un renversement de la charge de la preuve sous la forme d'une présomption réfragable en faveur d'un ajustement.

La documentation de prix de transfert répond à trois objectifs fondamentaux :

- Elle permet de s'assurer que les contribuables prennent dûment en considération les prescriptions relatives aux prix de transfert lorsqu'ils établissent leurs politiques et définissent les conditions d'application des transactions entre entreprises associées.
- Elle doit permettre aux administrations fiscales et aux gouvernements d'obtenir des informations utiles pour l'évaluation des risques globaux associés à ces opérations.
- Elle doit fournir aux administrations fiscales les informations nécessaires à la réalisation d'une vérification suffisamment approfondie des pratiques en matière de prix de transfert des entités imposables dans leurs juridictions.

Egalement, il paraît évident qu'en imposant aux contribuables d'exposer de manière convaincante, cohérente et probante leurs positions en matière de prix de transfert, la documentation des prix de transfert doit contribuer à l'instauration d'une culture de conformité.

La documentation de prix de transfert est donc un outil indispensable. Aujourd'hui, la plupart des juridictions imposent aux grandes entreprises multinationales de tenir à jour une documentation de prix de transfert détaillée et des archives sur leurs opérations. Les juridictions qui n'en font pas la demande s'attendent à ce que les entreprises soient en mesure d'argumenter sur la conformité de leurs politiques de prix de transfert au principe de pleine concurrence.

Ainsi, suivant l'usage et la norme, il convient de rédiger et mettre à jour une documentation complète de prix de transfert qui référence l'ensemble des facteurs importants considérés initialement pour l'établissement de la politique[49]. La documentation est structurée de façon à exposer les principales problématiques influençant la fixation d'un prix de pleine concurrence, elle doit permettre « de justifier la politique de prix de transfert pratiquée dans le cadre de transactions de toute nature réalisées avec des entités juridiques liées[50] ».

En France, l'article L.13 AA du livre des procédures fiscales impose aux grands groupes répondant à certains critères de garder à la disposition de l'administration fiscale

---

[49] Voir l'article L13AA du livre des procédures fiscales.
[50] L13AA du livre des procédures fiscales.

une documentation de prix de transfert pour les exercices ouverts à compter du 1er janvier 2010. Suivant la norme européenne, cette documentation doit suivre une trame prédéfinie : « L'entreprise doit, dans un premier temps, analyser les fonctions qu'elle exerce et les risques qu'elle assume et recenser les actifs et les moyens utilisés. Elle doit ensuite déterminer la méthode et le prix des transactions intra-groupes. Enfin, elle doit s'assurer de la conformité de la tarification retenue au prix de pleine concurrence[51] ».

La documentation est généralement structurée en trois parties différentes :

« 1° Des informations générales sur le groupe d'entreprises associées (le Master file).

2° Des informations spécifiques concernant l'entreprise vérifiée (l'Entity file)[52] ».

S'y ajoute un document intitulé *Rapport pays par pays* ou *Cbc report* (*Country by country report*), supposé apporter une vue d'ensemble des activités du groupe dans le monde, ainsi que le détail des performances des différentes entités qui composent le groupe et des impôts payés dans chaque pays.

---

[51] BOI-BIC-BASE-80-10
[52] L13AA du livre des procédures fiscales.

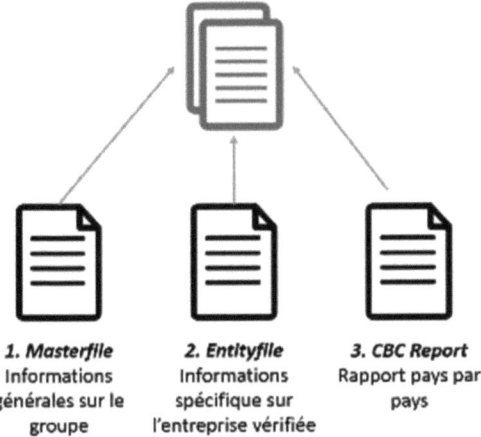

Figure 12 Eléments constitutifs de la documentation : Masterfile, entityfile et rapport pays par pays

Dans la plupart des cas, les descriptions des activités, les analyses fonctionnelles et les descriptions des comparables ne changent pas d'une année à l'autre et ne sont mises à jour que dans le cadre de restructurations importantes.

Concernant la recherche de nouveaux comparables, elle peut être réalisée tous les trois ans. En revanche, les données financières comparables doivent être actualisées tous les ans afin d'assurer une application fiable du principe de pleine concurrence.

En résumé, le fichier principal – le Master file – d'une documentation doit être actualisé tous les trois ans. Le fichier local – Entity file – et la déclaration pays par pays doivent être réexaminés et mis à jour chaque année.

Document	Niveau	Mise à jour
Master file	Groupe ou BU	Tous les trois ans[53]
Entity file	Entité	Annuellement
Rapport Pays par Pays[54]	Groupe	Annuellement
Benchmarks	Entité	Annuelle pour les données financières – Triennale pour les comparables

---

[53] Sauf si un changement important est intervenu au cours d'un exercice, une analyse approfondie doit être réalisée dans le cas de restructuration ou dans le cadre de l'implémentation de nouvelles transactions intragroupe.

[54] L'article 121 de la loi de finance pour 2016, en créant l'article 223 quinquies C du CGI, impose à certaines personnes morales de souscrire, dans les douze mois suivant la clôture de l'exercice, une « déclaration comportant la répartition pays par pays des bénéfices du groupe et des agrégats économiques, comptables et fiscaux, ainsi que des informations sur la localisation et l'activité des entités le constituant. »

Chapitre V

L'importance de l'analyse fonctionnelle

L'analyse fonctionnelle « a pour but d'identifier et de comparer les activités et responsabilités économiquement significatives, les actifs utilisés et les risques assumés par les parties aux transactions. Pour ce faire, il peut être utile de comprendre la structure et l'organisation du groupe et la mesure dans laquelle elles influent sur le contexte dans lequel le contribuable opère. Il sera aussi pertinent de déterminer les droits et obligations juridiques du contribuable dans l'exercice de ses fonctions [55] ».

Dans le cadre de transactions entre deux entreprises indépendantes, la rémunération correspondra généralement aux fonctions exercées, risques supportés et aux actifs détenus par chaque entreprise participant à la transaction.

---

[55] Ocde, *Examen de la comparabilité et des méthodes transactionnelles de bénéfices*, 2010.

Véritable clé de voûte de la réflexion en matière de prix de transfert, l'analyse fonctionnelle répond à plusieurs besoins, elle permet de déterminer :

- la méthode la plus appropriée pour rémunérer l'activité considérée,
- les éléments utilisables dans le cadre de l'analyse de comparabilité,
- les revenus et les coûts des actifs et des moyens utilisés pour justifier la base de calcul et fixer le niveau de rémunération – cette rémunération doit être d'autant plus élevée que les risques pris sont importants et que les fonctions exercées sont à forte valeur ajoutée.

En pratique, « l'analyse fonctionnelle consiste pour l'entreprise à s'interroger sur sa place et son rôle économique au sein du groupe et à recenser les fonctions exercées, les risques encourus, les actifs corporels et incorporels utilisés[56] ». Cette analyse se compose généralement de deux parties : une première dédiée à l'environnement économique et à la description des activités, une seconde consacrée aux fonctions réalisées, aux risques supportés et aux actifs détenus par l'entreprise considérée dans le cadre de ses transactions avec d'autres entreprises de son groupe

---

[56] DGI, Guide des prix de transfert à l'usage des PME.

Lien entre fonctions, risques et prix

Héritière de la théorie financière, l'analyse en prix de transfert est également fondée sur le principe de linéarité des relations entre risque et performance. À mesure que le risque augmente, les rendements d'un investissement sont supposés augmenter en proportion – si les rendements n'étaient pas proportionnels au risque, seul un fou accepterait de placer son argent dans un projet risqué sachant qu'il ne serait pas mieux rémunéré que s'il investissait dans une entreprise sans risque. La rémunération doit donc être proportionnelle au risque associé à l'activité considérée.

De la même manière, dans le cadre de transactions entre entreprises indépendantes, la rémunération correspondra naturellement aux fonctions exercées par chaque entreprise compte tenu des actifs mis en œuvre et des risques assumés. Ainsi, il est attendu qu'une entreprise supportant des risques importants bénéficie également d'une rentabilité plus importante.

Sur cette base, la pratique en prix de transfert a conduit à l'établissement d'un système de classification de la rentabilité des activités fondé sur le niveau de risque supporté par les entreprises. Selon cette classification, une entreprise sera considérée soit comme une entité à *risque limité* (*agent* ou *toll manufacturer*), à *risque moyen* (*commissionaire, stripped distributor, contract manufacturer*) ou à *risque élevé* (*fully fledged manufacturer* ou *fully fledged distributor*).

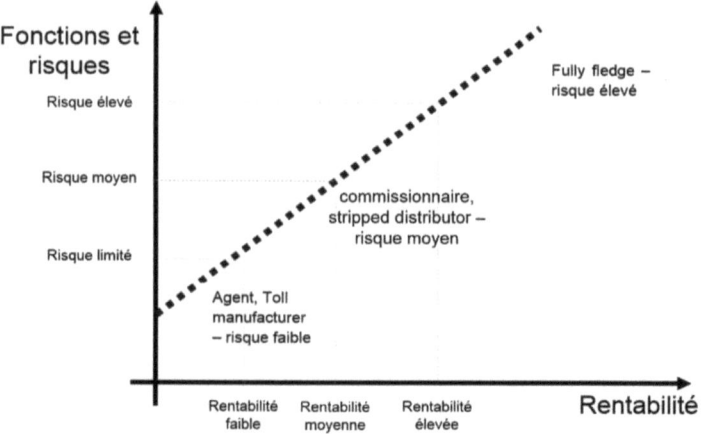

Figure 13 Relation entre risque et rentabilité

Le travail consistant à caractériser une entité permet de révéler le niveau de risque supporté par une entité, il a un impact significatif sur la stratégie et doit être considéré avec attention : « *The fact that a multinational group entity is labeled as manufacturer, distributor or services provider has immediate effect of attaching consequences to the taxation of that company*[57] ». Dans le cadre d'un contrôle, l'administration fiscale s'attachera également à vérifier la cohérence des rapports risques/fonctions/actifs de l'entreprise avec sa politique de prix de transfert.

Entrepreneur principal

Il s'agit de l'entreprise qui assume les risques principaux et qui prend les décisions stratégiques. En général, elle

---

[57] Bakker (Anuschka), *Transfer pricing and business restructurings, streaming all the way*, IBFD, 2009.

possède également les immobilisations incorporelles clés et supporte les dépenses y afférentes.

La direction générale des impôts apporte la définition suivante du concept d'entrepreneur principal :

« Il s'agit dans les faits de l'entreprise qui assume les risques principaux (qu'ils se concrétisent ou non) et qui prend les décisions stratégiques. En général, elle possède également les immobilisations incorporelles clés (marques, brevets, savoir-faire...) et supporte les dépenses y afférentes (recherche et développement, gestion des marques et de la publicité) [58] ».

En tant qu'entrepreneur principal, l'entreprise ne pourra être rémunérée que par un « profit résiduel » : « ...au sein d'un groupe, l'entrepreneur principal reçoit la rémunération résiduelle, c'est-à-dire le bénéfice (ou les pertes) restant une fois que toutes les entités ont été justement rétribuées[59] ».

Caractérisation des activités de production

Le terme *production* désigne l'ensemble des processus consistant à transformer une matière première ou un produit intermédiaire en produit intermédiaire ou produit fini. Les trois principales classes reconnues en prix de transfert sont [60].

---

[58] Direction générale des impôts, *Guide des prix de transfert à l'usage des PME*, 2006.
[59] DGI, *ibid*.
[60] Par ordre croissant de risque.

- *toll manufacturing* – il s'agit d'un *centre de coûts* supportant des risques faibles et dont la rentabilité est limitée,
- *contract manufacturing* – il s'agit d'un *centre de coûts* supportant des risques faibles et dont la rentabilité est limitée,
- *full-fledged manufacturing* – il s'agit d'un *centre de profits* supportant des risques élevés et dont la rentabilité n'est pas limitée.

Le *toll manufacturer*

Un *toll manufacturer* est un prestataire de services de production. Son activité consiste généralement à transformer une matière première ou un produit intermédiaire suivant les recommandations et les instructions d'un mandant.

Il ne détient ni les matériaux qu'il transforme ni les produits finis qui sortent de sa chaîne de production. Il n'est généralement pas responsable de l'approvision-nement, du contrôle qualité, de la distribution et de la logistique. Il ne possède pas non plus d'actifs incorporels clés, excepté ceux utilisés strictement dans le cadre de son activité de production.

La politique de prix de transfert utilisée pour rémunérer ses fonctions est généralement fondée sur la méthode *cost-plus* ou coût majoré.

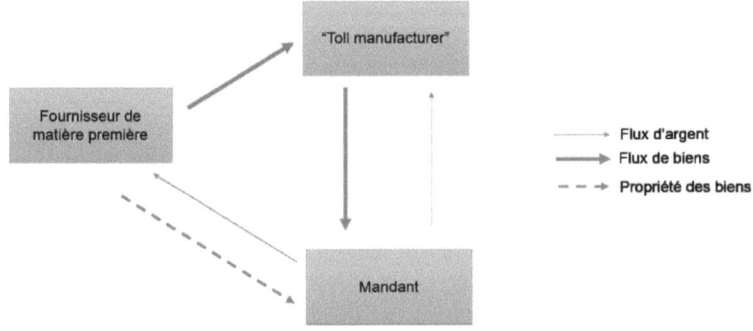

Figure 14 Rôle du toll manufacturer

Le *contract manufacturer*

Le *contract manufacturer* réalise des fonctions de production, généralement sur la base d'un accord écrit.

Il est propriétaire des matières premières et des produits finis et se trouve être également responsable du processus de production. Il détient des stocks, il est responsable du contrôle qualité.

De manière générale, il assume des risques plus lourds que ceux supportés par le *toll manufacturer*. Cependant, l'approvisionnement, le calendrier de production et la logistique restent du domaine du mandant. La politique de prix de transfert utilisée pour rémunérer ses fonctions est généralement fondée sur la méthode *cost-plus* ou du coût majoré.

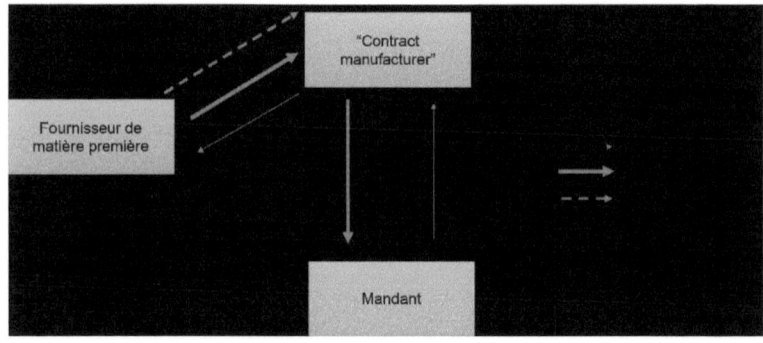

Figure 15 Rôle du contract manufacturer

Le *fully-fledged manufacturer*

Le *fully-fledged manufacturer* assume généralement l'ensemble des fonctions en lien avec le processus de production depuis l'approvisionnement et les opérations de recherche et développement jusqu'au contrôle qualité et à la logistique.

Il supporte également les principaux risques (de stock et de marché) et détient les principaux actifs utilisés dans la production.

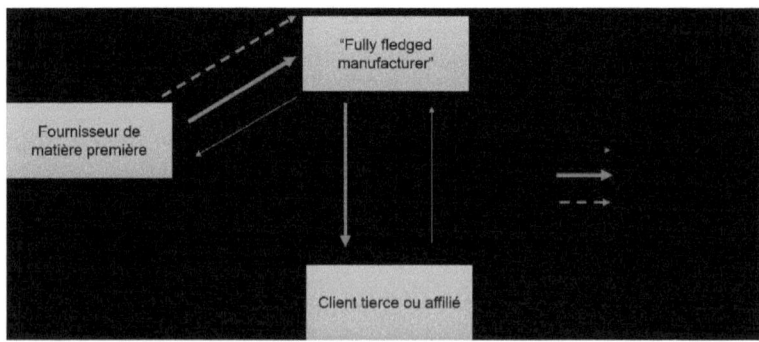

Figure 16 Rôle du fully-fledged manufacturer

Caractérisation des activités de vendeurs-distributeurs

Les différents types de producteur sont :

- *Commission agent* – il s'agit d'un *centre de coûts* supportant des risques faibles et dont la rentabilité est limitée,
- *Commissionnaire* – il s'agit d'un *centre de coûts* supportant des risques faibles et dont la rentabilité est limitée,
- *Stripped buy/sell distributor* – il s'agit d'un *centre de coûts* supportant des risques faibles et dont la rentabilité est limitée,
- *Full buy / sell distributor* – il s'agit d'un *centre de profits* supportant des risques élevés et dont la rentabilité n'est pas limitée.

L'agent commissionnaire ou *commission agent*

Un agent commissionnaire ou *commission agent* est un intermédiaire spécialisé dans la vente pour le compte du mandant. Il ne détient pas la propriété des biens vendus et ne signe généralement pas le contrat de vente. Il est rémunéré par une commission dont le montant est déterminé à partir du montant de ses ventes.

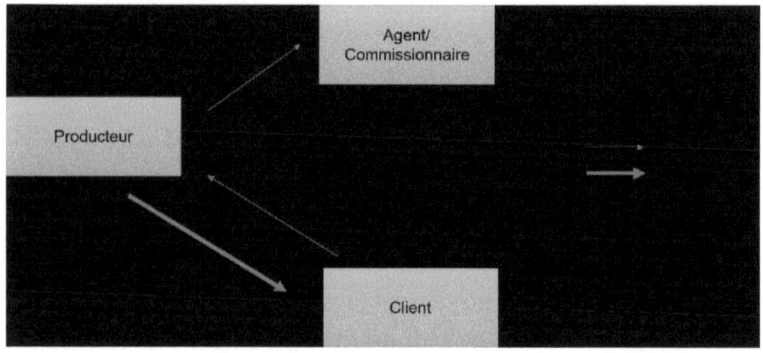

Figure 17 *Schéma synthétique représentant le rôle des agents intermédiaires, commission agent, commissionnaire*

Le *commissionnaire*

Le *commissionnaire* a des fonctions généralement identiques à celles de l'agent, il subsiste une différence importante : le commissionnaire vend les produits du mandant en son nom.

Le *stripped buy/sell distributor*

A la différence du commissionnaire, le *stripped buy/sell distributor* est propriétaire, dans une certaine limite, des biens vendus. Il supporte un risque limité sur ses inventaires et agit, comme le commissionnaire, en son nom et pour son compte.

Le *full buy / sell distributor*

Le *fully fledge distributor* agit pour son compte en complète autonomie. Il assume les fonctions, les risques et détient les actifs liés à ses activités.

Il est propriétaire du profit résiduel – celui obtenu après rémunération des fonctions routinières réalisées par les autres entités

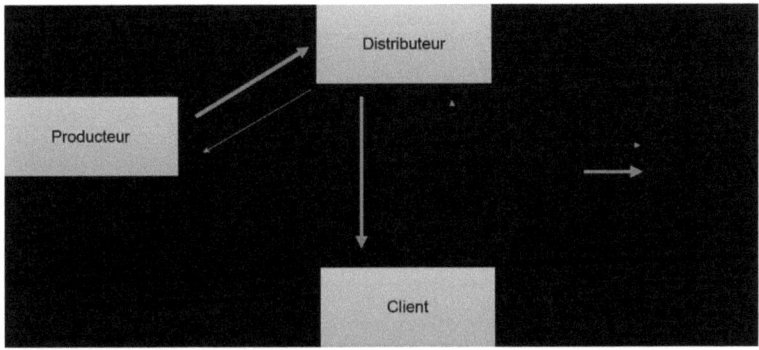

Figure 18 *Rôle du Fully Fledged distributor*

L'analyse des fonctions et des actifs

L'analyse fonctionnelle doit permettre d'identifier clairement qui fait quoi, qui supporte quels risques et qui détient quels actifs. A cet usage, les *checklists*, *interviews*, questionnaires, etc. plusieurs approches coexistent. L'utilisation d'une méthode plutôt qu'une autre dépendra du niveau d'expérience de la personne qui réalise l'analyse.

L'approche la plus simple à mettre en œuvre, utilisée par des auditeurs ou des fiscalistes juniors, consiste en une série de questionnaires standardisés. Ces questionnaires capturent indifféremment l'ensemble des faits en lien avec la transaction analysée. Cette pratique dite « non ciblée », n'est certainement pas la meilleure : fastidieuse à établir et à employer, les questionnaires trop longs peuvent être incompris, mal interprétés ou simplement mal complétés par des personnes à qui les prix de transfert semblent un sujet secondaire.

Les professionnels expérimentés, quant à eux, préfèrent généralement mener des interviews en direct avec les équipes opérationnelles. Comme ils sont habitués à ce genre d'exercices, leur « *checklist* personnelle » se révèle généralement plus efficace qu'un questionnaire standardisé. Cette approche dite « ciblée » permet d'appréhender rapidement l'activité de l'entreprise et de se concentrer sur les points importants, chaque réponse conduisant à une nouvelle question.

Traditionnellement, les grandes classes de fonctions étudiées dans l'analyse sont les suivantes :

- Fonctions stratégiques,
- Conception,
- Recherche et développement,
- Fabrication ou production,
- Assemblage,
- Logistique,
- Approvisionnement,
- Gestion des stocks,
- Marketing et vente,
- Distribution,
- Services après-vente,
- Fonctions supports (gestion des ressources humaines, paie, finance, etc.).

A titre d'illustration, le tableau ci-après s'intéresse aux fonctions réalisées et aux actifs détenus dans le cadre de transactions de ventes de produits intermédiaires entre les entreprises liées (1) et (2). Les fonctions réalisées par ces entreprises sont synthétisées dans un tableau pouvant être présenté de la manière suivante:

Fonctions	Entreprise analysée	Entreprise liée (1)	Entreprise liée (2)
R&D	x		
Gestion de production	xxx	xx	x
Achat de matières premières	xxx		
Réception des matières premières	xxx		
...	...	...	...

Figure 19 *Grille d'analyse des fonctions*

Egalement, le maintien d'équipements et d'installations est coûteux et doit être financé par des capitaux internes ou externes. Il convient donc également, dans le cadre de l'analyse fonctionnelle, de s'intéresser à la propriété des actifs détenus et utilisés dans le cadre des transactions analysées.

Actifs	Entreprise analysée	Entreprise liée (1)	Entreprise liée (2)
Nom et marques	x		
Brevets	x	x	
Immobilisation incorporelles marketing	x	x	x
Immobilisations corporelles			
Usines	x		
Equipements industriels	x		
Bâtiments de stockage		x	x

Figure 20 Grille d'analyse des actifs

Analyse des risques

Le mot « risque » désigne l'incertitude quant à la réalisation des objectifs d'une entreprise. Dans toute activité, l'incertitude existe et un risque est supporté. Les risques ayant un impact négatif sur l'entreprise sont nombreux mais peuvent être limités si l'entreprise parvient à appréhender correctement leurs effets. Ajoutons que les risques ne sont pas nécessairement synonymes de pertes financières, il existe certains risques dont les retombées peuvent s'avérer positives et bénéfiques pour l'entreprise.

Dans le cadre d'une analyse en prix de transfert, il s'agira de s'interroger sur la répartition des risques et notamment sur la manière dont ces risques sont supportés et gérés. La « gestion du risque », notion primordiale, se définit comme la fonction d'évaluation et de management du risque. La gestion du risque comprend trois éléments : (i) la capacité effective à prendre la décision de saisir, d'éviter ou de rejeter un risque, (ii) la capacité de gérer les risques associés à une opportunité, et (iii) la capacité d'atténuer le risque et de prendre des mesures ayant une influence sur ce risque.

Les principaux risques étudiés dans le cadre d'une analyse en prix de transfert sont :

(1) Risques stratégiques ou risques de marché

Les risques stratégiques ou risques de marché sont essentiellement exogènes, ils sont essentiellement dus aux conditions économiques, à des événements politiques, à certaines évolutions réglementaires, la concurrence, des progrès technologiques ou des transformations sociales importantes.

(2) Risques opérationnels ou d'infrastructure

Ces risques englobent les incertitudes liées aux activités de l'entreprise. Leur impact dépend étroitement de la nature des activités et des aléas que l'entreprise choisit d'assumer. Certains de ces risques sont d'origine externe, ils sont dus à l'état des moyens de transport, la situation politique et sociale, la législation et la réglementation. D'autres peuvent être d'origine interne, ils sont liés à la disponibilité de certains actifs, aux capacités des salariés, à la conception et au déploiement des processus, aux accords d'externalisation et aux systèmes informatiques.

Les défaillances que nous venons de mentionner ont des conséquences extrêmement lourdes : elles peuvent paralyser les opérations de l'entreprise, ternir sa réputation ou menacer son existence. L'incapacité à commercialiser un produit sur le marché dans les délais prévus, répondre à la demande, se conformer à des spécifications techniques ou fournir des produits de haute qualité peuvent compromettre la position concurrentielle de l'entreprise et donner l'avantage à des entreprises qui parviennent à commercialiser plus rapidement leurs produits, à mieux exploiter les dispositifs de protection des brevets, à gérer les risques efficacement dans leur chaîne d'approvisionnement et les contrôles qualité.

(3) Risques transactionnels

Cela désigne les risques associés aux prix et conditions de paiement attachés à une transaction commerciale portant sur la vente de biens, de produits, de services ou d'actifs.

(4) Risques financiers

Tous les risques peuvent se répercuter sur les résultats financiers d'une entreprise. Cependant, il existe des risques financiers spécifiques qui sont liés à la capacité de l'entreprise à gérer ses liquidités et sa trésorerie, ses capacités d'investissement et sa solvabilité.

Dans ce cadre, l'incertitude peut être d'origine externe : un choc économique ou une crise du crédit par exemple ;

elle peut également être d'origine interne et provoquée par les suites d'un contrôle fiscal ou d'audit, par certaines décisions d'investissement, etc.

(5) Risques de catastrophes naturelles

Ces risques désignent les événements extérieurs, d'origine naturelle, susceptibles d'entraîner des dommages ou des pertes. Ils peuvent être atténués par des assurances ou des produits financiers de *hedging*.

Chapitre VI

Méthodes de prix de transfert

Les méthodes de prix de transfert les plus fréquemment rencontrées sont les cinq méthodes préconisées par l'Ocde. Ces méthodes sont fondées sur le principe de pleine concurrence (« *arm's lenght principal* »), lequel repose, comme nous l'avons vu, sur une comparaison du prix, de la marge ou des bénéfices réalisés dans le cadre de transactions entre entreprises associées avec le prix, la marge ou les bénéfices de transactions comparables réalisées entre des entreprises indépendantes.

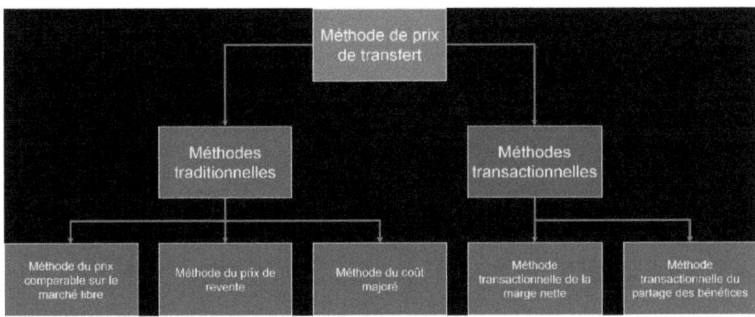

Figure 21 méthodes de prix de transfert

Parmi les cinq méthodes Ocde, trois sont dites *traditionnelles*, il s'agit de la méthode du prix comparable sur le marché libre, du prix de revente minoré, et du prix de revient majoré.

Deux méthodes sont dites *transactionnelles*, elles sont fondées sur les bénéfices, il s'agit de la méthode du partage des bénéfices et de la méthode transactionnelle de la marge nette, cette dernière étant la plus fréquemment utilisée.

Les méthodes traditionnelles sont considérées comme les plus directes pour déterminer si les conditions des relations commerciales et financières sont des conditions de pleine concurrence. En règle générale, lorsqu'une méthode traditionnelle et une méthode transactionnelle peuvent être utilisées avec un degré de fiabilité identique, la méthode traditionnelle doit être préférée à la méthode transactionnelle.

Le processus conduisant à la sélection d'une méthode de prix de transfert doit tenir compte essentiellement des quatre critères suivants:

- Les forces et les faiblesses des méthodes;
- La cohérence de la méthode envisagée avec la nature de la transaction contrôlée;
- La disponibilité d'informations fiables ; et
- Le degré de comparabilité des transactions contrôlées et des transactions indépendantes.

Ajoutons que l'administration fiscale pourra accepter une méthode alternative à condition qu'elle soit justifiée, cohérente avec les fonctions exercées et les risques assumés, et que la rémunération soit conforme aux attentes de l'administration i.e. au principe de pleine concurrence. Par ailleurs, le choix de la méthode et l'importance des justificatifs apportés devront être adaptés aux enjeux : le recours à une méthodologie sophistiquée et la rédaction d'une documentation élaborée doivent être réservés aux refacturations d'un montant significatif.

La méthode la plus adaptée à une transaction est celle qui fournit la mesure la plus fiable et la plus cohérente. Cela implique également que le contribuable puisse utiliser une méthode qui n'appartient pas à la liste des méthodes proposées par l'Ocde (« méthode non spécifiée »). Il est, en effet, impossible pour l'administration fiscale de prévoir toutes les possibilités offertes dans le monde des affaires, celle-ci laisse donc aux entreprises la plus grande liberté dans le choix de la méthode de prix de transfert la mieux adaptée à leurs transactions, mais, en contrepartie de ces libertés, il est attendu que les entreprises justifient les choix qui les portent à sélectionner une méthode et à rejeter les autres.

Méthode du prix comparable sur le marché libre (« CUP »)

Cette méthode consiste en une comparaison des prix d'un bien ou d'un service transféré dans le cadre d'une transaction contrôlée à ceux d'un bien ou d'un service transféré dans des conditions comparables avec une entreprise indépendante ou entre entreprises indépendantes.

Figure 22 *Méthode du prix comparable sur le marché libre – comparables internes*

Lorsqu'il est possible d'identifier des transactions comparables, la méthode du prix comparable sur le marché libre constitue le moyen le plus direct et le plus fiable pour mettre en œuvre le principe de pleine concurrence. Lorsqu'elle est applicable, cette méthode doit être préférée à toute autre.

Il peut s'avérer difficile d'identifier une transaction suffisamment comparable entre entreprises indépendantes. Les principes Ocde indiquent qu' « une différence mineure…peut avoir une incidence sensible sur le prix, même si la nature des activités industrielles ou commerciales entreprises est suffisamment similaire pour dégager la même marge bénéficiaire globale. Lorsque c'est le cas, il faudra apporter des correctifs[61] ».

Admettons, par exemple, une entreprise qui produit et vend à ses filiales des plaques de plastique. Si cette entreprise vend les mêmes produits à des entreprises indépendantes, dans des conditions et des volumes

---

[61] Ocde, *Principes de l'Ocde applicables en matière de prix de transfert*, juillet 2010.

comparables, l'analyse consistera donc en une simple comparaison entre ces prix et les prix pratiqués avec des entreprises indépendantes.

Dans le cas où les volumes ne seraient pas comparables, il convient de savoir si des différences de volumes doivent se traduire par une correction du prix de transfert. Le cas échéant, il faut déterminer les rabais normalement appliqués sur les marchés en fonction du volume fourni.

Dans le cas où aucun comparable interne ne serait disponible, l'entreprise devra déterminer si elle a accès aux prix pratiqués par des entreprises indépendantes dans le cadre de leurs transactions avec d'autres entreprises indépendantes (comparables externes). Ce travail de recherche de comparables externes est grandement simplifié lorsque les produits échangés sont cotés sur un marché (or, pétrole, gaz, etc.).

Figure 23 Méthode du prix comparable sur le marché libre – *comparables externes*

Lorsqu'une comparaison des prix pratiqués par ou avec des entreprises indépendantes s'avère impossible du fait du manque d'informations disponibles, il faudra alors analyser l'applicabilité d'une comparaison fondée sur les marges (méthode du prix de revente et méthode du prix majoré).

Méthode du prix de revente

Dans le cadre de la méthode du prix de revente, le point de départ est le prix auquel un produit acheté à une entreprise associée est revendu à une entreprise indépendante. On défalque de ce prix de revente une marge brute appropriée. Cette marge est déterminée par référence aux marges brutes réalisées dans des transactions comparables sur le marché libre. Elle représente, en théorie, le montant permettant au revendeur de couvrir ses frais de commercialisation et autres dépenses d'exploitation et de réaliser un bénéfice convenable. Cette méthode convient particulièrement aux activités de distribution.

Prix de vente aux clients final tiers	1000
Prix d'achat aux entités liées	600
Marge brute testée – i.g. 40%	400
Coûts opérationnels	300
Marge opérationnelle	100

Figure 24 *Méthode du prix de revente – la marge testée est entourée en gris sombre*

Dans certaines circonstances, la marge brute utilisée pour déterminer un prix de pleine concurrence peut être déterminée par référence à la marge que le même revendeur réalise dans le cadre de transactions d'achat/revente qu'il réalise sur le marché libre (« comparable interne »). Dans d'autres circonstances, la marge sur le prix de revente peut être déterminée par référence à la marge sur le prix de revente réalisée par des entreprises indépendantes dans le cadre de transactions comparables sur le marché libre (« comparables externes »). Le prix obtenu après soustraction de la marge brute peut être considéré comme un prix de pleine concurrence et servir au transfert de propriété entre entreprises associées.

Cette méthode est particulièrement conseillée dans le cadre d'opérations de vente et de commercialisation, celles réalisées par un distributeur par exemple. L'application de cette méthode n'est possible que si aucune différence significative entre les transactions analysées et les transactions réalisées sur le marché libre n'est susceptible d'avoir une incidence sur la fiabilité de l'analyse ou si des ajustements suffisamment fiables peuvent être apportés pour supprimer les effets matériels de ces différences.

Bien que cette méthode s'accommode de différences plus importantes entre les produits, il importe néanmoins de s'assurer qu'il n'y a pas de différences importantes entre le bien transféré dans le cadre de la transaction contrôlée et celui transféré dans le cadre de la transaction comparable. Des différences trop importantes entre les biens sont susceptibles de se traduire par des différences de fonctions exercées entre les parties prenantes. En définitive, même si nous pouvons dire que cette méthode nécessite une moindre comparabilité, il n'en demeure pas moins qu'une comparabilité étroite donne de meilleurs résultats.

Une multitude d'autres éléments doit être prise en considération avant de réaliser l'analyse. Admettons, par exemple, deux distributeurs vendant le même produit, sur le même marché, sous la même marque. Le premier offre une garantie constructeur, le second n'en offre pas. Le premier distributeur n'inclut pas la garantie dans sa stratégie de prix. Il vend donc avec une marge bénéficiaire brute supérieure à celle du second distributeur. Dans ce cas, les deux marges ne sont pas comparables sans un ajustement.

Second exemple, admettons qu'une société vend un produit par l'intermédiaire d'un distributeur indépendant dans cinq pays dans lesquels elle n'a pas de filiale. Les distributeurs se contentent de commercialiser le produit sans opération supplémentaire. Dans un pays important, la société a établi une filiale spécialisée chargée exclusivement de la distribution de son produit. Dans ce cas, une comparaison entre les sociétés de distribution ne peut être réalisée sans ajustement : même si tous les autres faits et circonstances étaient similaires entre eux, la simple présence d'un devoir d'exclusivité biaise la comparaison.

Méthode du coût majoré

La méthode du coût majoré consiste à ajouter, aux coûts supportés par un fournisseur de biens ou de services, une marge appropriée –ou *mark up*, calculée à partir de la marge réalisée par des fournisseurs dans le cadre de transactions comparables sur le marché libre. Cette marge doit permettre au fournisseur de générer un bénéfice approprié compte tenu des fonctions exercées et des conditions du marché. On obtient alors un prix pouvant être considéré comme un prix de pleine concurrence. Cette méthode est adaptée aux situations dans lesquelles des produits semi-finis sont vendus entre entreprises associées, lorsque des entreprises associées ont conclu des accords de mise en commun d'équipements, ou lorsque la transaction contrôlée consiste en des prestations de services.

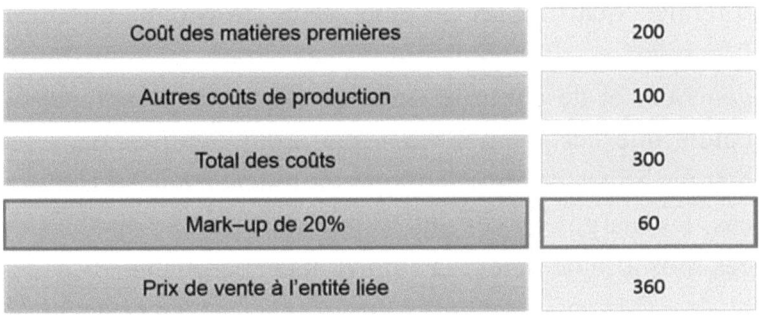

Figure 25 *Méthode du coût majoré – la marge testée est entourée en gris sombre, il s'agit du mark up de 20% appliqué sur les coûts de production*

Une marge de pleine concurrence peut être déterminée, soit par référence à la marge sur coûts de ce même fournisseur dans le cadre de transactions comparables sur le marché libre (« comparables internes »), soit par référence à la marge sur coûts qui aurait été obtenue dans des transactions comparables par une entreprise indépendante (« comparables externes »).

En règle générale, la méthode du coût majoré se fonde sur les marges estimées après comptabilisation des coûts directs et indirects de production ou d'approvisionnement, mais avant comptabilisation des dépenses d'exploitation de l'entreprise (les frais généraux par exemple).

Admettons une entreprise qui vend des objets à sa filiale étrangère. Dans le cadre de cette transaction, l'entreprise dégage une marge de 5 pour cent. Sept entreprises comparables indépendantes réalisent les mêmes activités de fabrication en vendant leurs produits à des entreprises étrangères indépendantes. Cette activité leur permet de dégager une marge brute comprise entre 3 pour cent (premier quartile) et 5 pour cent (troisième quartile). L'entreprise a comptabilisé ses frais administratifs, généraux et de contrôle dans ses dépenses d'exploitation tandis que ces mêmes frais sont comptabilisés dans les marges brutes des trois entreprises indépendantes. Dans ce cas, les marges de ces entreprises doivent être ajustées de ces frais afin de rendre la comparaison pertinente.

Méthode transactionnelle de la marge nette (MTMN)

La MTMN consiste à comparer un indicateur de marge nette avec le bénéfice net réalisé dans le cadre de transactions comparables sur le marché libre. L'indicateur utilisé est un ratio de bénéfice net divisé par un dénominateur approprié (par exemple les coûts, le chiffre d'affaires ou les actifs). Le bénéfice net de pleine concurrence peut être déterminé par référence au bénéfice net que le contribuable réalise à l'occasion de transactions comparables avec des entreprises tierces (« comparables internes »), ou par référence au bénéfice net réalisé par une entreprise indépendante lors de transactions comparables (« comparables externes »). Comme on le remarque, cette méthode s'applique de manière similaire à la méthode du coût majoré et à la méthode du prix de revente.

L'indicateur financier sélectionné doit répondre à plusieurs contraintes cumulatives. Tout d'abord, il doit intégrer et refléter la véritable valeur des fonctions, des risques et des actifs supportés par la partie testée. Ensuite, il doit être basé sur des données objectives, et non sur des données provenant de transactions contrôlées. Enfin, il doit être calculé d'une façon suffisamment fiable et cohérente au niveau de la transaction contrôlée et de la ou des transaction(s) comparable(s) sur le marché libre.

Généralement, l'indicateur de bénéfice employé est le bénéfice d'exploitation (avant charges financières et impôts sur les bénéfices).

Reprenons un exemple cité précédemment : deux distributeurs vendant le même produit sur le même marché sous la même marque. Le premier offre une garantie constructeur, le second n'en offre pas. Encore une fois, le premier distributeur n'inclut pas la garantie dans sa stratégie de prix. Il vend donc avec une marge bénéficiaire brute supérieure à celle du second distributeur. Considérons qu'il est impossible d'évaluer l'impact de cette garantie sur les prix. Dans ce cas, grâce à cette méthode, s'il n'existe pas de différence fonctionnelle importante entre les deux sociétés et si l'on connaît le ratio net /chiffre d'affaires, nous pouvons procéder à une comparaison de cet indicateur entre les deux sociétés – société analysée vs société comparable.

Méthode transactionnelle du partage des bénéfices

La méthode transactionnelle du partage des bénéfices consiste à déterminer une juste formule permettant de procéder au partage des bénéfices – ou des pertes – combinés entre les entreprises associées. Le bénéfice combiné peut être le montant global des bénéfices provenant des transactions, ou un bénéfice résiduel représentant le bénéfice qui ne peut pas être attribué à l'une des parties par l'application d'une autre méthode de prix de transfert – il s'agira, par exemple, du bénéfice généré par des actifs incorporels uniques et de grande valeur.

Le critère de répartition retenu doit refléter les contributions respectives des parties à la création de bénéfices. Le bénéfice est réparti entre les entreprises associées en fonction d'une base économiquement valable qui se rapproche du partage des bénéfices qui aurait été anticipé entre entreprises indépendantes. Il doit être raisonnablement indépendant des circonstances spécifiques et s'appuyer sur des données objectives – idéalement externe au groupe - par exemple, les ventes à des entités indépendantes.

Les bénéfices combinés sont donc répartis sur une base s'approchant économiquement de la division des bénéfices qui aurait été accordée dans le cadre d'un accord prévu dans des conditions de pleine concurrence. Le calcul des bénéfices à répartir et la définition d'une clé de répartition doivent répondre à plusieurs contraintes, il doivent être :

- Cohérents avec l'analyse fonctionnelle et refléter l'allocation des risques entre les parties.
- Conformes à la répartition des bénéfices à laquelle seraient convenues des entreprises indépendantes.
- Conformes à l'approche retenue en matière de partage des bénéfices.

Chapitre VII

Comparables sur le marché libre

L'application du principe de pleine concurrence se fonde sur une comparaison avec certaines valeurs sur un marché. Une analyse des opérations de prix de transfert devra donc conduire à une évaluation des pratiques financières et commerciales comparables, aussi appelées « transactions comparables sur le marché libre ». Selon l'Ocde, « une transaction comparable sur le marché libre est une transaction entre deux parties indépendantes qui est comparable à la transaction contrôlée examinée[62] ».

Cette transaction comparable est réalisée entre un membre du groupe et une société indépendante (« comparable interne ») ou entre deux entreprises indépendantes n'appartenant pas au groupe considéré et n'intervenant pas dans la transaction (« comparable externe »).

L'analyse économique d'une opération se trouve grandement facilitée dès lors que des comparables internes existent, en effet, elle reposera alors sur des normes et des

---

[62] Ocde, *Principes de l'Ocde applicables en matière de prix de transfert*, juillet 2010.

pratiques qui sont celles de l'entreprise analysée. Par ailleurs, les informations sur les comparables internes sont généralement plus complètes et moins onéreuses à obtenir. En revanche, il est important de noter que ces comparables, lorsqu'il en existe, doivent satisfaire aux mêmes critères de comparabilité que des comparables externes.

Critères de comparabilité de l'Ocde[63]

Il doit apparaître évident que des différences dans les caractéristiques spécifiques des biens ou des services permettent d'expliquer, partiellement, les différences de valeur sur le marché libre. A titre d'illustration, dans le cas de transferts de biens corporels, les caractéristiques essentielles à considérer sont : les caractéristiques physiques du bien, sa qualité et sa fiabilité, ainsi que la facilité d'approvisionnement et le volume de l'offre. Dans le cas de prestations de services, il s'agira de la nature et l'étendue des services. Enfin, dans le cas d'actifs incorporels, la forme de la transaction (par exemple, concession d'une licence ou vente), le type d'actif (par exemple, brevet, marque de fabrique ou savoir-faire), la durée et le degré de protection et l'avantage escompté de l'utilisation de l'actif en question.

D'autres critères sont également à considérer. En tout, ce sont 5 facteurs qui doivent être analysés préalablement à la conduite d'une analyse de comparabilité et pris en compte dans la détermination d'un prix de transfert. Ces facteurs

---

[63] Ocde, *Examen de la comparabilité et des méthodes transactionnelles de bénéfices*, 2010.

économiquement pertinents sont définis par les principes de l'Ocde, il s'agit des :

- Dispositions contractuelles,
- Fonctions exercées par chacune des parties à la transaction, compte tenu des actifs utilisés et des risques supportés,
- Caractéristiques du bien transféré, des services rendus ou de l'actif échangé,
- Circonstances économiques des parties et du marché sur lequel les parties exercent leurs activités,
- Stratégies économiques poursuivies par les parties.

L'importance relative des éléments comparables peut varier au cas par cas. Ils dépendront à la fois de la nature de la transaction contrôlée et de la méthode de prix de transfert adoptée. A titre d'illustration, les informations relatives aux caractéristiques des produits sont plus importantes dans le cadre de l'application de la méthode du prix comparable sur le marché libre que dans le cadre de l'application de la méthode transactionnelle de la marge nette.

L'obligation d'utiliser les informations les plus fiables impose de recourir en priorité à des comparables locaux plutôt qu'à des comparables régionaux (dès lors que des comparables locaux sont raisonnablement accessibles).

Indépendance des comparables

Dans le cadre d'une analyse de comparabilité, il est primordial de vérifier l'indépendance des parties comparables. Il s'agit de s'assurer que les parties utilisées dans le cadre de l'analyse ne possèdent pas ou n'exercent pas une influence sur la fixation des prix des transactions intra-groupe.

Dans ce cadre, il conviendra de prendre en considération toutes les formes de dépendance : la dépendance juridique au même titre que la dépendance de fait.

Relation trop rarement employée dans le cadre des analyses, la dépendance de fait est également définie par les principes Ocde de la manière suivante : « Il y a dépendance de fait si une entreprise exerce directement ou indirectement un véritable pouvoir de décision. Elle se caractérise par la capacité d'une entreprise à imposer des conditions économiques à une autre entreprise[64] ».

La dépendance juridique, quant à elle, est définie de la manière suivante : « Il y a dépendance juridique lorsqu'une entreprise possède directement ou indirectement une part prépondérante dans le capital d'une autre entreprise ou la majorité absolue des droits de vote dans les assemblées d'actionnaires ou d'associés[65] ».

---

[64] Ocde, *Principes de l'Ocde applicables en matière de prix de transfert*, juillet 2010.
[65] Ocde, *Ibid.*

Environnement économique

L'analyse de l'environnement économique consiste à positionner les pratiques de l'entreprise dans leur contexte économique, juridique, financier et fiscal. C'est un élément essentiel dans la détermination d'une politique de prix de transfert. Cette analyse permet de justifier l'organisation juridique et opérationnelle du groupe et introduit certains éléments stratégiques nécessaires à la compréhension de la politique de prix de transfert.

Les éléments qu'il peut s'avérer intéressant de considérer sont les suivants : la localisation géographique, la dimension des marchés, le degré de concurrence sur les marchés, la position concurrentielle des acheteurs et des vendeurs, l'existence de biens et de services de substitution ou le risque d'apparition de tels biens ou services, le niveau de l'offre et de la demande sur l'ensemble du marché (ou certaines régions), le pouvoir d'achat des consommateurs, la nature et la portée des réglementations publiques applicables au marché, les coûts de production (en particulier, le coût des terrains, de la main-d'œuvre et du capital), les coûts de transport, etc.

Structure opérationnelle et juridique

Une analyse de la structure opérationnelle et juridique doit s'interroger sur les activités du groupe, notamment leur nature, la politique globale en matière de prix de transfert, et la répartition des bénéfices et des activités à l'échelle mondiale. Dans le cadre de l'analyse des méthodes de prix de transfert, cette étape doit permettre d'évaluer la présence de risques importants liés aux prix de transfert.

L'Ocde, les administrations et les praticiens recommandent d'étudier les points suivants :

- Historique du groupe,
- Organisation juridique et fonctionnelle,
- Description du (des) domaine(s) d'activité du groupe multinational,
- Actifs incorporels du groupe,
- Activités financières interentreprises du groupe multinational,
- Situations financière et fiscale du groupe multinational,
- Les changements intervenus durant l'exercice analysé.

Il est permis de centrer cette analyse sur un secteur précis ou une *business unit* lorsque, par exemple, la structure du groupe multinational est telle que certains secteurs d'activité ou *business units* importants fonctionnent indépendamment du reste du groupe. Dans ce cas, il conviendra de veiller à ce que les fonctions centralisées au niveau du groupe et les transactions entre différentes *business units* restent bien mentionnées dans la suite de l'analyse économique.

Stratégie

Une entreprise qui souhaite pénétrer ou accroître sa part de marché pourra pratiquer temporairement un prix inférieur à celui pratiqué sur ce marché pour des produits comparables. En outre, un contribuable s'efforçant d'entrer sur un nouveau marché, d'accroître ou préserver sa part de marché pourra temporairement supporter des coûts plus élevés (par exemple à cause des coûts de lancement ou d'un renforcement de son effort de commercialisation) et réaliser ainsi des bénéfices inférieurs à ceux d'autres contribuables opérant sur ce même marché.

De manière générale, une stratégie d'entreprise peut avoir des implications très variées et présenter de nombreux aspects. Elle peut porter sur l'innovation et la mise au point de nouveaux produits, le degré de diversification, l'aversion pour le risque, la prise en compte de facteurs politiques, le rôle de la législation du travail en vigueur ou des nouvelles dispositions envisagées dans ce domaine, la durée des accords, ainsi que sur plusieurs autres facteurs ayant une incidence sur le fonctionnement quotidien des entreprises.

Chapitre VIII

Les résultats de l'analyse économique

Comme décrit précédemment, l'analyse économique doit conduire à la détermination d'un prix de transfert respectueux du principe de pleine concurrence. Cependant, étant donné que la détermination des prix de transfert repose sur de nombreuses hypothèses et interprétations, l'analyse débouchera généralement sur un intervalle interquartile et non pas sur un prix : « Dans certains cas, il est possible d'appliquer le principe de pleine concurrence en se basant sur un seul chiffre (ex : un prix ou une marge). Mais, en général, l'échantillon des entreprises comparables est constitué d'entreprises ayant des ratios de rentabilité différents. L'entreprise devra donc se positionner au regard de ces entreprises issues du panel retenu. Il conviendra alors d'opérer une distribution statistique des entreprises de l'échantillon sélectionné en utilisant la médiane et les quartiles[66] ».

En France, la direction générale des impôts prescrit l'utilisation d'un intervalle pour l'analyse des opérations de prix de transfert, elle ajoute qu'il est d'usage de

---

[66] BOI-BIC-BASE-80-10-10

« considérer la médiane comme étant la rémunération de pleine concurrence vers laquelle doit tendre l'entreprise pour ses transactions intragroupes. Toutefois, un assouplissement est apporté avec la notion "d'intervalle de pleine concurrence" qui constitue la fourchette de prix acceptable pour définir si les conditions d'une transaction entre entreprises liées sont de pleine concurrence[67] ».

En pratique, on retiendra les données situées entre le premier et le quatrième quartile. Sont donc exclues les entreprises les moins rentables (quartile 1 : 25 % des entreprises de l'échantillon qui réalisent les moins bons résultats) et les entreprises les plus profitables (quartile 4 : 25 % des entreprises de l'échantillon qui réalisent les meilleurs résultats). Le calcul d'un intervalle peut être réalisé directement via Excel et la formule *quartile*.

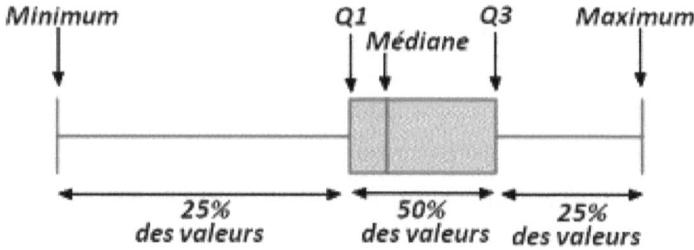

Figure 26 *Diagramme en boîte*

Concernant les services intragroupe à faible valeur ajoutée, le Conseil de l'Union européenne, dans ses conclusions du 17 mai, approuve la communication de la Commission sur les travaux du forum conjoint de l'UE et

---

[67] BOI-BIC-BASE-80-10-10

établit que le travail de vérification soit simplifié dans le cas des prestations de services à faible valeur ajoutée (ces services sont listés en annexe 1) : « … l'expérience montre que les marges convenues sont généralement comprises dans une fourchette de 3 à 10 %, tournant le plus souvent autour de 5 % ». ... « En raison de la nature des services traités dans les présentes lignes directrices, il se peut que l'analyse en profondeur des cinq facteurs de comparabilité, y compris l'analyse fonctionnelle, ainsi qu'un exercice d'évaluation sélectif comprenant un examen quantitatif et qualitatif des éléments de comparaison potentiels afin d'établir une marge appropriée, requièrent des ressources excessives[68] ».

La rencontre des pouvoirs

En vertu de son objectif de maximisation de la valeur pour l'actionnaire, la société mère cherche naturellement à limiter l'impôt payé par son groupe. Suivant cette logique et dans la mesure où une minuscule variation de prix peut avoir un impact considérable sur le montant final de l'impôt, la société mère choisira généralement, au sein de l'intervalle de pleine concurrence, la valeur lui permettant de limiter le montant de ses impôts globaux.

Reprenons l'exemple du groupe Radius dont la société mère aux Etats-Unis exporte ses radiateurs auprès de sa filiale suisse. L'analyse économique effectuée par le groupe montre que le marché pratique, pour des transactions comparables, un prix compris entre 40 euros (premier

---

[68] Commission européenne, Bruxelles, le 25 janvier 2011.

quartile) et 45 euros (troisième quartile). Dans ce cadre, l'entreprise sera amenée à se rapprocher des 40 euros afin de limiter ses bénéfices imposés aux Etats-Unis et potentiellement maximiser ceux réalisés en Suisse, cela tout en respectant le principe de pleine concurrence.

Deux contraintes pèsent alors sur la société mère et limitent sa liberté de fixation des prix :

(1) L'obligation légale d'appliquer une politique de prix de transfert respectueuse du principe de pleine concurrence – obligation que nous avons eu l'occasion d'aborder à plusieurs reprises, et
(2) L'objectif de performance des dirigeants de filiales.

En effet, la société mère d'un groupe se trouve limitée par les managers de chaque entité, leur objectif étant de maximiser les performances de leurs filiales : « *the managers of individual centers will try to act in the internal transactions as independent units would do*[69] ». D'où l'excellente réflexion de Danuta Kozłowska-Makóś : « … *the optimal transfer price, in the Pareto meaning, should take into account the interests of both responsibility centers which are parties in internal transaction and the entire complex capital structure. In other words, internal prices are used in order to optimize the allocation of resources and their use in the whole capital group, without undermining the autonomy of individuals, neither*

---

[69] Kozłowska-Makóś (Danuta), *Transfer pricing optimization in complex capital structures*.

contributing to unfair or discouraging distribution of profits between them ».

En définitive, il est convenu de dire que, théoriquement, « *the result is to determine the optimal transfer prices taking into consideration the interests of both the individual internal decision making centers , as well as the whole capital group*[70] ».

Taille du panel de comparables

Mécaniquement, plus les comparables sont nombreux et moins les extrêmes ont de poids dans l'analyse. Egalement, un panel comprenant de nombreux comparables permettra une mise à jour plus facile de l'analyse économique : le risque qu'une entreprise disparaisse du panel, fasse des résultats exceptionnels ou faillite, impactant moins les résultats définitifs. En pratique, un panel composé d'une quinzaine de comparables sera satisfaisant pour les besoins de l'étude.

Ajoutons que les vérificateurs de l'administration fiscale essayeront généralement de réduire le nombre des comparables en suivant leurs propres intérêts. Ils chercheront, par exemple, à éliminer les comparables avec des marges importantes si la partie testée appartient à une juridiction étrangère et, inversement, les marges basses du panel si la partie testée est le contribuable faisant l'objet du contrôle.

---

[70] Kozłowska-Makóś (Danuta), *Transfer pricing optimization in complex capital structures*.

Ajustement des comparables

Lorsque des différences entre les transactions contrôlées et les transactions sur le marché libre sont susceptibles d'avoir une incidence significative sur la comparaison, des ajustements doivent être effectués.

En pratique, ces ajustements sont rares et sujets à de nombreuses controverses et ne doivent pas être automatiquement ou systématiquement réalisés. Au contraire, il convient au préalable de démontrer que l'ajustement proposé améliore la comparabilité.

Seuls les ajustements liés au besoin en fonds de roulement sont généralement acceptés lorsque les niveaux de stocks, de créances clients et de dettes fournisseurs diffèrent de ceux détenus par les entreprises comparables. La correction du besoin en fonds de roulement permet de limiter les différences liées à la valeur monétaire du temps entre la partie testée et les comparables potentiels - selon l'hypothèse que cette différence se retrouvera dans les bénéfices. Préalablement à tout changement, il convient de se demander si un niveau de fonds de roulement très différent entre la partie contrôlée et les tiers indépendants peut justifier un examen plus poussé des caractéristiques de comparabilité du comparable potentiel.

Phénomène d'attribution inappropriée du profit

Dans le cadre de l'application d'une méthode de prix de transfert portant sur une transaction entre parties liées, nous nous intéresserons généralement à une seule de ces entités aussi appelée *partie testée*.

Celle-ci n'est pas nécessairement l'entreprise faisant l'objet du contrôle. La partie testée est l'entreprise pour laquelle une méthode de prix de transfert peut être appliquée de manière fiable ; ce sera donc le plus souvent celle dont l'analyse fonctionnelle est la moins complexe. Ainsi, en règle générale :

- Lorsqu'on utilise la méthode du coût majoré, la partie testée sera le vendeur, l'indicateur financier est alors la marge sur coûts,
- Lorsqu'on utilise la méthode du prix de revente, la partie testée est l'acheteur (souvent un distributeur) et l'indicateur financier est la marge brute,
- Lorsqu'on utilise la méthode transactionnelle de marge nette, la partie testée peut être le vendeur ou l'acheteur. Si c'est le vendeur, l'indicateur testé est généralement le bénéfice net sur coûts ou sur actifs. Si c'est l'acheteur, l'indicateur financier testé est généralement le bénéfice net sur chiffre d'affaires. Enfin,
- Lorsqu'on utilise la méthode transactionnelle du partage des bénéfices, les deux parties à la transaction peuvent être testées. Pour cette raison, cette méthode est dite « bilatérale » alors que les méthodes du coût

majoré, du prix de revente et MTMN sont dites « unilatérales ».

Dans certains cas, le processus conduisant à la sélection de la partie testée peut entraîner un phénomène de *création non fondée de profit* ou *profit artificiel* ou encore *profit infondé*. A titre d'illustration, considérons le cas d'un producteur qui vend à sa filiale étrangère de distribution des produits finis. Si nous choisissons d'analyser la marge du distributeur, cela peut conduire à des situations où la répartition globale des profits dans la chaîne de valeur du groupe se trouvera figée et faussée par la fixation d'une marge minimum attribuée à l'un de ses intervenants – en l'occurrence le distributeur. Dans le cas mentionné, le distributeur se verra attribuer un niveau de profit pouvant être artificiellement élevé au regard des conditions de marché. On parlera de création « infondée » de profits car la répartition des profits dans la chaîne de valeur ne se fera plus sur la base de la performance effective de ses intervenants mais sur une répartition historique ou théorique, ici, le producteur se trouverait lésé par rapport au distributeur.

Pour éviter cette répartition non fondée des bénéfices, on pourra tester simultanément les différents intervenants de la chaîne de valeur, ou encore appliquer la méthode du *profit split* comme méthode secondaire.

Conclusions

« Le projet est le brouillon de l'avenir, et parfois, il faut à l'avenir des centaines de brouillons[71] ».

Le chemin est encore long avant que nous ne parvenions à un système de normes uniformisées et parfaitement efficaces. Si les recommandations de l'Ocde et les efforts des instances de gouvernances nationales et internationales sont honorables et bienvenues, *Beps* et les milliers, centaines de milliers de pages qui ont précédé ne sont encore que les brouillons de ce futur environnement juridique visé par l'Ocde.

En effet, si l'environnement juridique semble se durcir sensiblement, notons que les pratiques et les moyens employés par les Etats restent très disparates et que les efforts dans la création de réglementations performantes ne sont pas toujours accompagnés par des financements supplémentaires à destination des administrations fiscales. L'administration française a ainsi rencontré de nombreuses difficultés avant d'être en mesure de traiter correctement les informations remontées par les formulaires 2257-SD – i.e. la *documentation simplifiée*.

---

[71] Jules Renard

De la même façon, le *Rapport pays par pays* fera l'objet d'un échange automatique sur la base d'un accord multilatéral de coopération signé le 21 janvier 2016 par 31 pays. Les administrations fiscales des pays signataires n'auront plus besoin de recourir obligatoirement à l'assistance administrative sur demande pour obtenir des informations sur des implantations d'entreprises à l'étranger. Cependant, cet échange automatique d'informations entre administrations fiscales créera un flux d'informations important que les administrations mettront du temps à uniformiser, analyser et traiter.

En définitive, si les réglementations sont plus performantes et nombreuses, les entreprises bénéficient d'un effet de retardement naturel, du fait des capacités de travail des administrations fiscales qui évoluent moins vite.

Il faudra donc beaucoup d'efforts avant que ces nouvelles règles qui se mettent en place impactent positivement les pratiques des contribuables et des administrations. Pour autant, cela ne doit pas empêcher les entreprises multinationales de travailler dans le sens des réglementations et de se montrer proactives afin d'anticiper les durcissements à venir dans leurs environnements respectifs.

Annexe 1 : Liste des services concernés par les conclusions du forum conjoint

A. Services dans le domaine des technologies de l'information, par exemple:

A.1. création, développement et gestion du système d'information;

A.2. étude, développement, installation et maintenance régulière/extraordinaire de logiciels;

A.3. étude, développement, installation et maintenance régulière/extraordinaire de matériel informatique;

A.4. fourniture et transmission de données; et

A.5. services de soutien.

B. Services dans le domaine des ressources humaines, par exemple:

B.1. activités ayant trait à la législation, aux contrats, à l'administration, à la Sécurité sociale et à la fiscalité en relation avec la gestion ordinaire et extraordinaire du personnel;

B.2. sélection et embauche du personnel;

B.3. assistance en matière d'orientation professionnelle;

B.4. assistance en matière de définition des rémunérations et des systèmes de prestations (y compris les plans d'attribution d'options d'achat d'actions);

B.5. définition du processus d'évaluation du personnel;

B.6. formation du personnel;

B.7. mise à disposition de personnel pour une période limitée;

B.8. coordination du partage des ressources en personnel sur une base temporaire ou permanente et gestion des licenciements.

C. Services dans le domaine du marketing, par exemple:

C.1. étude, élaboration et coordination des activités de marketing;

C.2. étude, élaboration et coordination des activités de promotion;

C.3. étude, élaboration et coordination des campagnes de publicité;

C.4. études de marché;

C.5. développement et gestion de sites internet;

C.6. publication de magazines distribués aux clients de la filiale (même s'ils concernent le groupe entier).

D. Services juridiques, par exemple:

D.1 aide à la rédaction et à la révision de contrats et d'accords;

D.2. consultation juridique permanente;

D.3. rédaction et commande d'avis juridiques et fiscaux;

D.4. aide au respect des obligations législatives;

D.5. assistance en matière de contentieux judiciaire;

D.6. gestion centralisée des relations avec les compagnies et les courtiers d'assurance;

D.7. conseil fiscal;

D.8. études sur les prix de transfert; et

D.9. protection des biens incorporels.

E. Services comptables et administratifs, par exemple:

E.1. aide à la préparation du budget et des plans d'exploitation, tenue des livres obligatoires et des comptes;

E.2. aide à la préparation des états financiers périodiques, des bilans ou des relevés comptables annuels et extraordinaires (qui diffèrent des états financiers consolidés);

E.3. aide au respect des obligations fiscales, telles que la préparation des déclarations fiscales, le calcul et le paiement des impôts, etc.; le traitement des données;

E.4. audit des comptes de la filiale et gestion du processus de facturation.

F. Services techniques, par exemple:

F.1. assistance concernant les installations, les machines, l'équipement, les processus, etc.

F.2. planification et exécution d'activités de maintenance ordinaires et extraordinaires dans les locaux et les installations;

F.3. planification et exécution d'activités de restructuration ordinaires et extraordinaires dans les locaux et les installations;

F.4. transfert de savoir-faire technique;

F.5. communication de lignes directrices relatives à l'innovation en matière de produits;

F.6. planification de la production pour réduire au minimum la surcapacité et répondre à la demande efficacement;

F.7. assistance en matière de planification et de mise en œuvre de dépenses d'investissement;

F.8. contrôle de l'efficacité; et

F.9. services d'ingénierie.

G. Services de contrôle de la qualité, par exemple:

G.1. élaboration de politiques et de normes de qualité pour la production et la prestation de services;

G.2. aide à l'obtention de certifications de qualité (p. ex. ISO 9000); et

G.3. élaboration et mise en place de programmes satisfaction client.

H. Autres services:

H.1. services d'élaboration de la stratégie et de développement des entreprises dans le cas où il existe un lien avec une filiale existante ou devant être établie;

H.2. sécurité des entreprises;

H.3. recherche et développement;

H.4. gestion des biens immobiliers et des installations;

H.5. services logistiques;

H.6. gestion des inventaires;

H.7. conseils relatifs au transport et à la stratégie de distribution;

H.8. services de dépôt;

H.9. achat de services et approvisionnement en matières premières;

H.10. gestion de la réduction des coûts;

H.11. services de conditionnement.

Annexe 2 : Lexique

Analyse fonctionnelle : l'analyse fonctionnelle consiste pour l'entreprise à s'interroger sur sa place et son rôle économique au sein du groupe, et à recenser les fonctions exercées, les risques encourus, les actifs corporels et incorporels ainsi que les moyens utilisés.

Ajustement corrélatif : diminution des bases d'imposition ou de l'impôt dû par une entreprise associée établie dans un État, pour tenir compte d'un rehaussement effectué par l'administration fiscale de l'autre État concernant une autre entreprise associée, et qui permet d'éliminer la double imposition.

Comparable externe : transaction effectuée entre deux entreprises indépendantes et qui est comparée à une transaction analogue sur un bien ou un service similaire effectuée entre entreprises d'un même groupe.

Comparable interne : transaction effectuée par une entreprise appartenant à un groupe (l'entreprise concernée ou une autre entreprise du groupe) avec une entreprise indépendante et qui est comparée à une transaction analogue sur un bien ou un service identique ou similaire effectuée avec une entreprise liée.

Dépendance de fait : il y a dépendance de fait si l'entreprise étrangère exerce dans l'entreprise française (ou inversement) directement ou indirectement un véritable pouvoir de décision. Elle se caractérise par la capacité d'une entreprise à imposer des conditions économiques à une autre entreprise. Dépendance juridique : il y a dépendance juridique lorsqu'une entreprise possède directement ou indirectement une part prépondérante dans le capital d'une autre entreprise ou la majorité absolue des droits de vote dans les assemblées d'actionnaires ou d'associés.

Distributeur : agent économique qui achète des marchandises auprès d'un producteur ou d'un autre distributeur et les revend sur un marché.

Entrepreneur : l'entrepreneur détient, en général, les actifs incorporels, supporte des risques et exerce une fonction d'autorité sur les autres entreprises du groupe. En contrepartie de la prise de risques, il a vocation à appréhender une partie importante de la marge consolidée.

Entreprise indépendante : une entreprise indépendante est celle qui ne contrôle pas d'entreprise (en droit ou en fait) et qui n'est pas elle-même contrôlée par une autre entreprise.

Fonction : subdivision des activités d'une entreprise en un ou plusieurs ensembles d'actions qui concourent à un même but : l'approvisionnement, la production, la distribution, l'administration générale.

Groupe : ensemble d'entreprises unies par des liens de dépendance juridique ou de fait. Il est constitué de filiales, de sociétés sœurs, de la société mère et des entreprises ayant des communautés d'intérêt fortes.

Guide Ocde : rapport publié en 1995 par l'Ocde et intitulé "principes applicables en matière de prix de transfert à l'intention des entreprises multinationales et des administrations fiscales".

Intervalle de pleine concurrence : fourchette de prix acceptable pour définir si les conditions d'une transaction entre entreprises liées sont de pleine concurrence.

Marge brute ou commerciale : différence entre le prix de vente et le prix d'achat d'une marchandise ou d'un bien (hors coûts indirects).

Marge consolidée : marge globale réalisée par les entreprises d'un même groupe pour l'ensemble des opérations ou des fonctions exercées.

Marge nette : différence entre le prix de vente d'une marchandise, d'un bien ou d'un service et l'ensemble des coûts (ensemble des charges qui concourent à l'élaboration du produit considéré).

Médiane : la médiane constitue le chiffre en dessous et au-dessus duquel sont réparties 50 % des entreprises de l'échantillon sélectionné.

Méthodes de prix de transfert : méthodologie de calcul des prix intragroupes.

Panel de comparables : ensemble d'entreprises retenues à titre de comparaison.

Prix de pleine concurrence ou prix de marché : le prix pratiqué entre des entreprises dépendantes doit être le même que celui qui est constaté sur le marché entre deux entreprises indépendantes.

Prix de transfert : tout flux intragroupe et transfrontalier (achat et vente de biens, de services, redevances, intérêts, garantie, honoraires, cession ou concession de biens incorporels tels que les marques, brevets, savoir-faire), refacturation de coûts...

Prestataire de services : réalisation par une entreprise d'une tâche qu'une autre entreprise du même groupe ne veut pas ou ne peut pas faire en interne.

Procédure amiable : procédure entre États pour la résolution des différends concernant l'application des conventions fiscales internationales pour éviter la double imposition.

Producteur : agent économique qui fabrique ou produit un ensemble de biens et de services.

Redevance : somme due au propriétaire d'un droit ou d'un actif incorporel en contrepartie d'un droit d'utilisation.

Régime fiscal privilégié : impôt sur les bénéfices ou sur les revenus dont le montant est inférieur de plus de la moitié à celui de l'impôt sur les bénéfices ou sur les revenus dû dans les conditions de droit commun en France.

Sous-traitance : opération par laquelle une entreprise confie à une autre, tout en conservant la responsabilité, le soin d'exécuter pour elle une partie des actes de production et de services selon un cahier des charges préétabli.

Bibliographie

Alliance Sud et la Déclaration de Berne, *Le principe de pleine concurrence – une arme émoussée contre l'évasion fiscale*, 2012.

Bakker (Anuschka), *Transfer pricing and business restructurings, streaming all the way*, IBFD, 2009.

Barford (Vanessa) et Holt (Gerry), *Google, Amazon, Starbucks: The rise of 'tax shaming'*, BBC News Magazine, 21 mai 2013.

Bergin (Tom), *Special Report: How Starbucks avoids UK taxes*, Reuters, 15 octobre 2012.

Cecchini (Mark), Leitch (Robert), Strobel (Caroline), *Transfer pricing factors to consider*, Wiley, 2015.

Chandler (Alfred), *La main visible des managers*, Economica, 1989.

Direction générale des impôts, *Guide des prix de transfert à l'usage des PME*, 2006.

Drucker (Jessy) et Coy (Peter), *Apple, Google May Profit on a Tax Holiday*, Bloomberg, 17 mars 2011.

Eden (Lorraine), *The ethics of transfer pricing*, extrait d'une présentation réalisée par l'auteur lors de l'*AOS Workshop* sur le sujet suivant : "*Fraud in Accounting, Organizations and Society*", 2011.

Ernst & Young, *Global Transfer Pricing Survey*, 2010.

Fris (Pim), Sébastien Gonnet (Sébastien) et Meghames (Ralph), *Understanding Risk in the Enterprise: The Key to Transfer Pricing for Today's Business Models*, IBFD, 2014.

Hanlon (Michelle) et Heitzman (Shane), *A review of tax research*, Journal of accounting and economics, 2010.

Horngren (Charles), Sundem (Gary), Schatzberg (Jeff), *Introduction to Management Accounting*, Prentice Hall, 2012.

Kozłowska-Makóś (Danuta), *Transfer pricing optimization in complex capital structures*, Wydawnictwo Uniwersytetu Ekonomicznego w Katowicac, 2014.

Montebourg (Arnaud de), *Votez pour la Démondialisation*, Flammarion, 2011.

Nation Unies, *Pratical manual on transfer pricing for developing countries*, 2013.

Ocde, *Action 11: Mesurer et suivre les données relatives au BEPS*, 2015.

Ocde, *Action 12: Règles de communication obligatoire d'informations*, 2015.

Ocde, *Action 13: Documentation des prix de transfert et déclaration pays par pays*, 2015.

Ocde, *Action 14: Accroître l'efficacité des mécanismes de règlement des différends*, 2015.

Ocde, *Action 15: L'élaboration d'un instrument multilatéral pour modifier les conventions fiscales bilatérales*, 2015.

Ocde, *Action 2: Neutraliser les effets des dispositifs hybrides*, 2015.

Ocde, *Action 3: Concevoir des règles efficaces concernant les sociétés étrangères contrôlées*, 2015.

Ocde, *Action 4: Limiter l'érosion de la base d'imposition faisant intervenir les déductions d'intérêts et d'autres frais financiers*, 2015.

Ocde, *Action 5: Lutter plus efficacement contre les pratiques fiscales dommageables, en prenant en compte la transparence et la substance*, 2015.

Ocde, *Action 6: Empêcher l'octroi des avantages des conventions fiscales lorsqu'il est inapproprié d'accorder ces avantages*, 2015.

Ocde, *Action 7: Empêcher les mesures visant à éviter artificiellement le statut d'établissement stable*, 2015.

Ocde, *Actions 8-10: Aligner les prix de transfert calculés sur la création de valeur*, 2015.

Ocde, *Convention relative à l'Organisation de coopération et de développement économiques*, 1960.

Ocde, *Examen de la comparabilité et des méthodes transactionnelles de bénéfices*, 2010.

Ocde, *Principes de l'Ocde applicables en matière de prix de transfert à l'intention des entreprises multinationales et des administrations fiscales*, 2010.

Ocde, *Prix de transfert et entreprises multinationales*, 1979.

Ocde, *Projet Beps, exposé des actions*, 2015.

Ocde (site web français), http://www.oecd.org/fr/ctp/prix-de-transfert/conferenceinternationalesurleprixdetransfertetlevaluationendouane.htm

Pricewaterhousecoopers, *Nouvelles obligations en matière de prix de transfert*, 2010.

Skalitz (Anne), *Au-delà des entreprises: les groupes*, Insee première, mars 2002.

The Economist, *Taxing questions*, 22 mai 1993, vol. 327.

Unctad, *World Investment Report*, 2010.

Unctad, *World Investment Report*, 2016.

Vicard (Vincent), *Profit shifting through transfer pricing: evidence from French firm level trade data*, Banque de France, 2015.

Williamson (Oliver), *Markets and Hierarchies. Analysis and anti-trust implications*, Free Press, 1975.

Table des illustrations

Figure 1 Schéma synthétique représentant l'organisation des licences et sous-licences et les versements de fees entre Google France et la société mère Google Inc. 15
Figure 2 Exemple d'opération de prix de transfert 27
Figure 3 *Exemple d'opération de prix de transfert faisant intervenir une entité suisse* 28
Figure 4 Starbucks UK - principaux flux intragroupe 33
Figure 5 Tableau de synthèse actions Beps 41
Figure 6 Traitement des produits hybrides 42
Figure 7 Application de la méthode du prix comparable sur le marché libre ; Analyse sur la base de comparables internes. 51
Figure 8 Application de la méthode du prix comparable sur le marché libre ; Analyse sur la base de comparable externes. 51
Figure 9 Redistribution des rabais découlant de synergies délibérées 54
Figure 10 Processus d'analyse conduisant à la détermination d'une rémunération de pleine concurrence 63
Figure 11 Relation entre les étapes de l'analyse économique. 65
Figure 12 Eléments constitutifs de la documentation : Master file, Entity file et Rapport pays par pays 69
Figure 13 Relation entre risque et rentabilité 74
Figure 14 Rôle du toll manufacturer 77
Figure 15 Rôle du contract manufacturer 78
Figure 16 Rôle du fully-fledged manufacturer 78

Figure 17 Schéma synthétique représentant le rôle des agents intermédiaires, commission agent, commissionnaire 80
Figure 18 Rôle du fully-fledged distributor 81
Figure 19 Grille d'analyse des fonctions 83
Figure 20 Grille d'analyse des actifs 84
Figure 21 Méthodes de prix de transfert 89
Figure 22 Méthode du prix comparable sur le marché libre – comparables internes 92
Figure 23 Méthode du prix comparable sur le marché libre – comparables externes 93
Figure 24 Méthode du prix de revente – la marge testée est entourée en rouge 94
Figure 25 Méthode du coût majoré – la marge testée est entourée en rouge, il s'agit du mark up de 20% appliqué sur les coûts de production 97
Figure 26 Diagramme en boîte 112

Sommaire complet

Avant-propos 9
Introduction 11
   Ampleur du phénomène 18
   Un environnement favorable aux pratiques abusives 21
Chapitre I Stratégie d'évasion 25
   Exemple simplifié d'opération 27
   La fraude en prix de transfert 29
   Le cas Starbucks 31
Chapitre II Rôle de l'Ocde 37
   Rôle de l'Ocde en matière de prix de transfert 38
   Projet Beps 40
      Cohérence 41
      Substance 43
      Transparence 45
Chapitre III Principe de pleine concurrence 47
   L'analyse de comparabilité 49
   Synergies 52
   Pratiques alternatives 54
Chapitre IV Analyse des opérations intragroupe 61
   Les étapes de l'analyse en prix de transfert 62

La documentation de prix de transfert 66
Chapitre V L'importance de l'analyse fonctionnelle 71
   Lien entre fonctions, risques et prix 73
      Entrepreneur principal 74
      Caractérisation des activités de production 75
      Caractérisation des activités de vendeurs-distributeurs 79
   L'analyse des fonctions et des actifs. 81
   Analyse des risques 84
Chapitre VI Méthodes de prix de transfert 89
   Méthode du prix comparable sur le marché libre (« CUP ») 91
   Méthode du prix de revente 94
   Méthode du coût majoré 96
   Méthode transactionnelle de la marge nette (MTMN) .. 98
   Méthode transactionnelle du partage des bénéfices 100
Chapitre VII Comparables sur le marché libre 103
   Critères de comparabilité de l'Ocde 104
   Indépendance des comparables 106
   Environnement économique 107
   Structure opérationnelle et juridique 107
   Stratégie 108
Chapitre VIII Les résultats de l'analyse économique ... 111
   La rencontre des pouvoirs 113
   Taille du panel de comparables 115
   Ajustement des comparables 116
   Phénomène d'attribution inappropriée du profit 117

Conclusions 119
Annexe 1 : Liste des services concernés par les conclusions du forum conjoint 121
Annexe 2 : Lexique 127
Bibliographie 133
Table des illustrations 137

Revue « Marché et Organisations »
L'Harmattan

Cahiers d'économie et de gestion thématiques dont le but est de promouvoir la recherche originale sur les relations de plus en plus étroites qui se tissent entre le marché et les organisations. Les acteurs économiques de taille, de puissance et de pouvoir différents dont les intérêts peuvent être convergents, complémentaires ou, le plus souvent, antagoniques, ont tendance à organiser les marchés. La raison du marché, pourtant, est la référence stratégique pour l'entreprise ainsi que pour les institutions publiques de décision économique.

Numéros parus :

N°1 : Artisanat. La modernité réinventée, 2006
N°2 : La petite entreprise, elle a tout d'une grande. De l'accompagnement aux choix stratégiques, 2006
N°3 : Tourisme et Innovation. La force créative des loisirs, 2007
N°4 : Le travail. Formes récentes et nouvelles questions, 2007
N°5 : Les universités et l'innovation. L'enseignement et la recherche dans l'économie des connaissances, 2007
N°6 : Entrepreneuriat et accompagnement. Outils, actions et paradigmes nouveaux, 2008
N°7 : Développement durable des territoires. Economie sociale, environnement et innovations, 2008
N°8 : Développement durable et responsabilité sociale des acteurs, 2009
N°9 : Gouvernance : exercices de pouvoir, 2009
N°10 : Le travail collaboratif. Une innovation générique, 2009
N°11 : Economie sociale et solidaire. Nouvelles trajectoires d'innovations, 2010
N°12 : Relations à la marque et marques de la relation. Regards croisés sur le management relationnel de la marque, 2010
N°13 : Les contrats au service de la recherche ?, 2011
N°14 : Le potentiel économique de l'Afrique subsaharienne, 2011
N°15 : Management de la distribution, 2012
N°16 : Territoire Vert. Entreprises, Institutions, Innovations, 2012
N°17 : Eco-conception, conception et innovation. Les nouveaux défis de l'entreprise, 2013
N°18 : Intelligence économique : entreprises et territoires, 2013
N°19 : La finance globale. Un monde fini, 2013
N°20 : La crise du « développement », 2014
N°21 : La Chine innove. Politiques publiques et stratégies d'entreprise, 2014
N°22 : Go East! Nouvelles Economies de Marché, 2015
N°23 : L'économie du changement, 2015
N°24 : Le temps des artisans. Permanences et mutations, 2015
N°25 : Innovations de proximité et esprit d'entreprise, 2016
N°26 : L'avenir des économies du Maghreb : entre inertie structurelle et envie de rupture, 2016/3 (n° 27)
N°27 : Le sport aux frontières du marché du travail, 2016
N°28 : Dynamiques internationales des entreprises, 2017
N°29 : L'univers du risque, 2017

Collection « L'esprit économique »
fondée par Sophie Boutillier et Dimitri Uzunidis en 1996
dirigée par Sophie Boutillier, Blandine Laperche, Dimitri Uzunidis

Dernières parutions

▶ *Série Economie et Innovation*
N. ABBES, *L'entreprise responsable. De la responsabilité sociétale à la communication environnementale*, 2013.
Z. LIU, *Politiques d'innovation et pme en France. Une histoire de liens faibles*, 2013.
E. BESANÇON, N. CHOCHOY, T. GUYON, *L'innovation sociale. Principes et fondements d'un concept*, 2013.
F. PAUN, L. ALEXANDRE-LECLAIR, I. VAILEANU-PAUN, *Innover ou périr. Paroles d'experts*, 2014.
F. ABADA, *Individualiser son offre au moindre coût*, 2015.
S. MAHREZ, *La division cognitive du travail dans le capitalisme postfordiste*, 2016.
M.-J. POLLET-VILLARD, *L'innovation dans les services. cadre d'une analyse dynamique fondée sur les reseaux*, 2017.

▶ *Série Le Monde en Question*
P. BAGUS, *La tragédie de l'euro*, 2012.
C. BERTHOMIEU, J.-P. GUICHARD, E. PONOMARENKO (dir.), *La Russie, l'Europe et la méditerranée dans la crise*, 2013.
T. BRUGVIN, *Le commerce équitable et éthique. Opportunités et limites*, 2014.
W. AMEDZRO St-HILAIRE, *Le capital global et sa régulation*, 2014.
W. AMEDZRO St-HILAIRE, *Reconstruire l'Afrique. Nouvelle gouvernance et projet de développement*, 2014.
M. SANTI, *Misère et opulence. Chroniques d'austérité globalisée*, 2015
J.-M. BOUSSARD, *Les prix agricoles. Nouveau dialogue sur le commerce des bleds*, 2017

▶ *Série Krisis*
A. MARQUEZ-VELASCO, *Politique et économie. 10 mesures phares pour un monde meilleur*, 2015.
R. GOODFELLOW, *Le cycle des crises aux États-Unis depuis 1929. essai de systématisation de la conjoncture*, 2016.
M. LAUDET, *Aux origines de l'économie politique : Antoine de Montchrestien et son « traicte de l'oeconomie politique »*, 2016.

▶ *Série Clichés*
S. BOUTILLIER, D. UZUNIDIS (dir.), *La Russie européenne. Du passé composé au futur antérieur*, 2008.
R. VOLPI, *La négociation. Pain, paix, liberté*, 2009.

▶ *Série Cours Principaux*
L. DANIEL, M. RUIMY, *Taux d'intérêt et marchés financiers*, 2013.
G. FONOUNI-FARDE, *Comprendre l'économie internationale. L'économie pour tous !*, 2103.
B. NDIAYE, *Analyse économique de l'investissement en capital humain*, 2014.
P. BOUVIER-PATRON, *Economie et management de l'entreprise innovante. Réseaux, territoire et développement durable*, 2014.
J. KIAMBU, *Eléments d'analyse économique*
J.-P. MOCKERS, *Court traite d'économie et de politique économique*, 2016.

▶ *Série L'économie formelle*
F. DUHAMEL, A. DUNOYER de SEGONZAC, *La cocotte-minute financière. Petit précis de décomposition socio-économique*, 2012.
P. BRACONNIER, G. CAIRE (dir.), *L'économie sociale et solidaire et le travail*, 2013.
M. SANTI, *L'Europe. Chroniques d'un fiasco économique et politique*, 2013.
J. BERNARD, *La croissance. 10 points cruciaux*, 2013.
P.-A. LAMBERT, *Le temps de la rigueur. Fiscalité, protection sociale, mondialisation*, 2014.
F. BISMANS, *La grande récession : un autre regard sur des temps troubles (2007-2013)*, 2014.
B. SCHWENGLER, *De l'inflation à la dette publique : analyse des discours politiques*, 2016.

L'Harmattan Italia
Via Degli Artisti 15; 10124 Torino
harmattan.italia@gmail.com

L'Harmattan Hongrie
Könyvesbolt ; Kossuth L. u. 14-16
1053 Budapest

L'Harmattan Kinshasa
185, avenue Nyangwe
Commune de Lingwala
Kinshasa, R.D. Congo
(00243) 998697603 ou (00243) 999229662

L'Harmattan Congo
67, av. E. P. Lumumba
Bât. – Congo Pharmacie (Bib. Nat.)
BP2874 Brazzaville
harmattan.congo@yahoo.fr

L'Harmattan Guinée
Almamya Rue KA 028, en face
du restaurant Le Cèdre
OKB agency BP 3470 Conakry
(00224) 657 20 85 08 / 664 28 91 96
harmattanguinee@yahoo.fr

L'Harmattan Mali
Rue 73, Porte 536, Niamakoro,
Cité Unicef, Bamako
Tél. 00 (223) 20205724 / +(223) 76378082
poudiougopaul@yahoo.fr
pp.harmattan@gmail.com

L'Harmattan Cameroun
TSINGA/FECAFOOT
BP 11486 Yaoundé
699198028/675441949
harmattancam@yahoo.com

L'Harmattan Côte d'Ivoire
Résidence Karl / cité des arts
Abidjan-Cocody 03 BP 1588 Abidjan 03
(00225) 05 77 87 31
etien_nda@yahoo.fr

L'Harmattan Burkina
Penou Achille Some
Ouagadougou
(+226) 70 26 88 27

L'Harmattan Sénégal
10 VDN en face Mermoz, après le pont de Fann
BP 45034 Dakar Fann
33 825 98 58 / 33 860 9858
senharmattan@gmail.com / senlibraire@gmail.com
www.harmattansenegal.com